本书为江西省基础教育课题 2020 年度项目"协同育人视域下〔……〕培养研究"（项目编号：SZUGGYW2020-988）阶段性研究成果。

江西省高校人文社会科学研究 2021 年度项目"乡村教育振兴背景下定向师范生顶岗支教实习适应融入研究——以某某师专为例"（项目编号：JY21119）阶段性研究成果。

江西省教育科学"十四五"规划 2022 年课题《乡村教育振兴背景下定向师范生农村顶岗支教 UGS 协同管理机制改进研究》（项目编号：GZYB087）阶段性研究成果。

语文师范生教学能力的协同育人培养研究

刘建才　著

吉林人民出版社

图书在版编目 (CIP) 数据

语文师范生教学能力的协同育人培养研究 / 刘建才著 . -- 长春 : 吉林人民出版社 , 2023.2
ISBN 978-7-206-19797-0

Ⅰ.①语… Ⅱ.①刘… Ⅲ.①语文课 – 师资培养 – 研究 – 中小学 Ⅳ.① G633.302

中国国家版本馆 CIP 数据核字 (2023) 第 032530 号

语文师范生教学能力的协同育人培养研究
YUWEN SHIFANSHENG JIAOXUE NENGLI DE XIETONG YUREN PEIYANG YANJIU

著　　者：刘建才	
责任编辑：张　草	封面设计：袁丽静

吉林人民出版社出版 发行（长春市人民大街 7548 号） 邮政编码：130022
印　　刷：三河市华晨印务有限公司
开　　本：710mm × 1000mm　　　1/16
印　　张：11.75　　　　　　　　　　　字　　数：220 千字
标准书号：ISBN 978-7-206-19797-0
版　　次：2023 年 2 月第 1 版　　　　印　　次：2023 年 2 月第 1 次印刷
定　　价：68.00 元

如发现印装质量问题，影响阅读，请与出版社联系调换。

前言

百年大计，教育为本；教育大计，教师为本。在校师范生的职业能力与职业素养对我国未来中小学教育的发展具有深远的影响。近年来，随着我国教师教育改革的持续深化，一系列针对师范生能力与素养培养的新标准、新要求相继被提出。2021年，教育部印发的《中学教育专业师范生教师职业能力标准（试行）》《小学教育专业师范生教师职业能力标准（试行）》等，对师范教育提出的要求变得更加严格。因此，师范院校必须不断创新师范生人才培养模式，才能达成师范人才培养的新目标，满足社会对师范生人才的需要。

自21世纪以来，在协同育人理念的影响下，师范院校纷纷探索多样化的协同育人模式。

顶岗实习支教模式是协同育人视域下师范生人才能力培养的典型模式。本书立足于协同育人理论，对顶岗实习支教模式下语文师范生能力的培养进行研究。第一章从协同育人概念、协同育人理论的发展及意义三个方面对协同育人的理论进行了概述。第二章从语文师范生教学能力的内涵、发展、培养策略三个方面对语文师范生教学能力进行了概述。第三章从顶岗实习支教的概念及作用、语文师范生顶岗实习支教模式调查分析、语文师范生顶岗实习支教效果优化策略三个方面，对语文师范生协同育人的模式进行研究。第四章从语文师范生朗读能力的培养、听评能力的培养、书写能力的培养三个方面对协同育人下语文师范生基本教学能力的培养进行研究。第五章从语文师范生备课能力的培养、组织课堂教学能力的培养、教学评价能力的培养三方面对协同育人下语文师范生一般教学能力的培养进行研究。第六章从语文师范生创新教学理念能力的培养、创新教学方法能力的培养、创新教学手段能力的培养三个方面，对协同育人下语文师范生教学创新能力的培养进行研究。

本书理论翔实，案例充足，从协同育人的角度探讨了语文师范生教学能力的培养，具有一定的学术价值和实践意义。

目 录

第一章 协同育人理论概述 ……………………………………………… 001
 第一节 协同育人 ……………………………………………………… 003
 第二节 协同育人理论的发展 ………………………………………… 009
 第三节 协同育人理论的意义 ………………………………………… 015

第二章 语文师范生的教学能力 ………………………………………… 025
 第一节 语文师范生教学能力的构成分析 …………………………… 027
 第二节 语文师范生教学能力的发展 ………………………………… 041
 第三节 语文师范生教学能力的培养策略 …………………………… 045

第三章 语文师范生协同育人模式研究 ………………………………… 049
 第一节 语文师范生协同育人模式概述 ……………………………… 051
 第二节 顶岗实习支教模式 …………………………………………… 056
 第三节 语文师范生顶岗实习支教模式调查分析 …………………… 062
 第四节 语文师范生顶岗实习支教效果的优化策略 ………………… 076

第四章 协同育人视阈下语文师范生基本教学能力的培养 …………… 087
 第一节 语文师范生朗读能力的培养 ………………………………… 089
 第二节 语文师范生听评能力的培养 ………………………………… 098
 第三节 语文师范生书写能力的培养 ………………………………… 107

第五章 协同育人视域下语文师范生一般教学能力的培养 …………… 115
 第一节 语文师范生备课能力的培养 ………………………………… 117
 第二节 语文师范生组织课堂教学能力的培养 ……………………… 125
 第三节 语文师范生教学评价能力的培养 …………………………… 133

第六章　协同育人视阈下语文师范生教学创新能力的培养 ……………… 147
第一节　语文师范生创新教学理念能力的培养 ……………………… 149
第二节　语文师范生创新教学方法能力的培养 ……………………… 162
第三节　语文师范生创新教学手段能力的培养 ……………………… 170

参考文献 ……………………………………………………………………… 177

第一章 协同育人理论概述

第一节 协同育人

一、协同育人的概念与构成

"协同"一词最早来源于希腊语,具有协和、同步、和谐、协调、协作、合作之意。协同指事物或系统在联系和发展过程中各要素之间的有机结合,强调相互协作、配合的和谐性与一致性。[1]

许慎的《说文解字》中指出:"协,众之同和也。同,合会也。"协同的本意是指协调两个或者两个以上的不同资源或者个体,协同一致地完成某一目标的过程或能力。

(一)协同育人的定义

协同育人是指高校充分借助社会资源,积极与科研院所、企业、政府、社会团体、其他学校组织,并增强高校内部不同院系之间的交流学习,形成理论与实践相结合、产学融合、优势互补的育人机制,培养适应社会发展的创新人才。协同育人也是一种教育思维,主要包括协同教育、协同管理、协同学习。

(二)协同育人的构成要素

协同育人的构成要素主要包括育人目标、参与主体、规则制度、育人过程四个方面。

1. 育人目标

教育目标是教育活动的出发点和归宿,也是教育活动的灵魂,对教育活动的过程起着重要的定向、激励、强化、调控的作用,制约着整个教育活动的进行。协同育人的育人目标具有同一性的特点,并以此作为协同育人的发展方向和落脚点。

协同育人目标的同一性主要表现在两个方面。一方面,教育目标具体可划分为课程目标、活动目标、学期目标、年级目标等,是一个有机统一的整

---

[1] 楼艳. 德育共同体视域下的高校辅导员职业发展研究 [M]. 杭州:浙江大学出版社,2021:196.

体。协同育人目标的同一性要求教育细分目标之间具有协同一致性的特点，且短期目标与长期目标之间、理论目标与实际目标之间，均具有较强的同一性。

协同育人目标的同一性，表现在不同育人主体之间育人目标的一致性。协同育人作为多个教育参与主体共同进行的教育活动，必须明确育人目标，才能使得不同育人主体之间形成有效的协同。相反，如果协同育人的目标不明确，抑或协同育人的目标缺失，又或者不同育人主体的育人目标之间存在一定的差异性，均会导致育人目标难以实现，最终导致协同育人的共同体瓦解。

由此可见，协同育人要素中的育人目标极其重要，对协同育人的制度、主体参与方式、育人内容、育人过程、育人评价、育人环境等方面均起着极其重要的作用。

2. 参与主体

教育主体在这里指教育活动实施的主体，协同育人主体具有多元化的特点。协同育人参与主体的多元化包括以下两点。

第一，协同育人参与主体的构成具有多元化的特点。教育主体大体可以划分为教育者和受教育者两种类型。受教育者主要为学生；教育者则包括家长、教师。不同协同育人目标下的协同育人参与主体不同。例如，师范生协同育人主体包括高校辅导员、具体课程教师、语文师范生、高校及实习学校的管理教师等。

第二，协同育人参与主体的需求具有多元化的特点。协同育人打破了传统教育教学模式单一化的现象，使得教育育人工作不再是教师单向对学生进行引导的过程，而是形成高校内部所有育人主体的共同责任。

高校内部育人主体根据角色和责任可以划分为多种类型，各类型的高校育人主体掌握着不同的教育资源和信息，且拥有各自不同的价值取向和利益诉求，呈现出多元化的鲜明特点。例如，协同育人活动中的学生主体的需求具有多元化。不同时代下学生主体的个性化需求不同；同一时代学生主体的个性化需求也不尽相同。

3. 规则制度

协同育人的规则制度具有统一化的特点。统一化在这里指两种或两种以上的同类事物的表现形态归并为一种或者限定在一定范围内的标准化形式。其实质是使育人对象的形式、内容、功能等具有一致性，并且通过标准或制度确定下来。

协同育人规则制度的统一化，有利于保障协同育人目标的一致性。如果协同育人的规则制度不统一，存在随意性的特点。那么协同育人主体在实施协同育人的过程中将面临种种障碍，导致效率低下，难以实现协同育人目标。

4.育人过程

育人过程是协同育人的主要要素之一，育人过程的协同化是协同育人的内在要求和本质属性。协同育人是一项具有长期性的系统工作，所涉及的育人主体具有多元化，育人目标具有同一性的特点，因此在整个协同育人过程中应当确保上下协同、内外协同、前后协同。

（1）育人过程应保持上下协同。同一组织中的不同育人主体之间应当在同一育人目标的前提下保持协同合作。例如，师范院校内部的领导层应与处于一线的教师保持上下协同一致，以确保育人目标的实现。

（2）育人过程应保持内外协同。协同育人过程还应保持内外协同一致，即不同组织之间，在育人目标、育人内容等方面保持协同合作。例如，高校的教育目标，与实践场所的教育目标，与师范生实践场所的教育目标应当保持内外协同，即丰富师范生的教育教学知识，提升师范生的教学技能。

（3）育人过程应保持前后协同。这里所指的前后协同特指育人过程中的各个阶段应保持协同，统一于协同目标之下。例如，在师范教育中，师范生在各学年的教育内容、具体教育目标、教育评价等，均应保持前后协同，统一于总体育人目标之下。

协同育人过程中保持上下协同、内外协同、前后协同，应从以下四个方面着手。

其一，内容协同。协同育人的内容具有较强的逻辑性，提升被育人主体全方位的素质与能力，推动被育人主体的全面发展。

其二，方法协同。协同育人的方法具有多样性，包括课程育人、管理育人、实践育人、文化育人、组织育人等多种方式，不同育人方法之间应保持协同运作，从而产生良好的教育效果。

其三，载体协同。协同育人的载体包括课堂渠道、课外实践渠道、校内科研训练渠道等。各种教育载体之间的关系并非线性关系，而是通过协同创新的方式有机整合在一起。

其四，标准协同。在育人过程中的考核标准、评价标准等均应保持统一，在标准的制定和法规的执行上步调一致。

二、协同育人的基本原则

协同育人的原则是育人主体之间进行有效协同必须遵循的基本要求。协同理论认为，系统实现协同应满足三个方面的要求，一是子系统之间、系统内部各要素之间的充分协同；二是找准起决定性作用的参变量即序参量；三是系统及各子系统保持开放性，以充分交换信息和资源。协同育人应遵循以下基本原则。

（一）整体协同原则

协同育人的主体存在多元化的特点。在协同育人过程中，应当坚持整体协同的原则，使育人主体形成既相互独立，又相互联系和相互制约的统一整体，共同构成具有整体性的生态系统。在协同育人理念下，构筑协同育人工作机制。协同育人的整体协同原则包括三个方面。

1. 协同育人主体组织方式的整体性原则

协同育人主体在育人过程中应当从育人工作的各个侧面着手，进行系统化、规范化和专业化的设计，设置整体性的育人目标；统一和协调育人主体各要素之间的相互联系，从而使协同育人主体的组织方式实现系统化、有机化整合，形成目标一致、方法明确、组织分工合理的协同育人组织，为协同育人目标的最终实现奠定良好的基础。

2. 协同育人主体组织方式的分工化原则

协同育人主体的组织方式除了要坚持整体性原则之外，还应遵循分工化原则。协同育人主体具有多元化的特点。在协同育人过程中，各育人主体因为其所扮演的角色和承担的责任不同，所以应按照不同的分工，有侧重地进行分工合作，使协调育人的目标落到实处。

3. 协同育人的资源共享原则

协同育人主体在进行协同育人的过程中，需要使用各种资料或资源开展工作，各育人主体所使用的资源应遵循共享原则，共享教育资源，提高育人资源的利用率，提高协同育人的工作效果。

（二）以人为本原则

协同育人的对象是"人"，这里特指学生。协同育人的目标是促进学生的知识、能力、素质得到提升，因此，在协同育人过程中，应当坚持以人为本原则。协同育人以人为本原则主要包括以下三个方面。

1. 协同育人应坚持育人主体的自主性原则

自主性是育人主体的主体性（包括自主性、能动性、创造性等）内涵之一，指育人主体根据自身的意愿进行思考和行动的能力或特性。

在协同育人过程中，育人主体应引导受教育者从自身成长的目的出发，培养和提高受教育者的自主性，使受教育者主动配合育人主体的工作，并且从学习和成长的角度主动进行自我规划、自我指导、自我监控、自我评价和自我反思，从而更好地提升协同育人的效果，达成协同育人的目标。

2. 协同育人应坚持育人主体的自为性原则

协同育人的自为性是指受教育者独立性的体现和展开，包括受教育者在学习过程中的自我探索、自我选择、自我建构和自我创造，基本上映射出了学生主体学习和掌握知识的一般过程。协同育人的过程是各育人主体在充分尊重被教育者自主性的基础上，引导受教育者提升知识和能力的过程，而非协同育人主体强硬进入被教育者活动领域的过程。换言之，协同育人的效果与受教育者的能力和需要存在直接关系。协同育人主体只有从受教育者的能力和需要出发，引导受教育者明确自身的职责，并且从发展的视角出发，自为地进行学习，从而确保协同育人的效果。

3. 协同育人应坚持育人主体的主观能动性原则

育人主体的主观能动性又称意识的能动性，指育人主体所特有的，能动地反映世界和改造世界的能力和意识。育人主体的主观能动性体现在其意识活动具有目的性和计划性。

在协同育人过程中，育人主体应引导受教育者充分发挥人的主观能动性，从而有目的、有计划、有选择地开展协同育人，实现协同育人。

（三）开放互补原则

高校作为育人主体，其内部形成了一个独立的育人系统。协同育人主体通常包括两个或两个以上组织，不同育人主体在进行协作时，必然会打破组织之间的壁垒，进行通力合作，共同推动协同育人目标的实现。因此，协同育人应坚持开放互补原则。

协同育人的开放互补原则要求不同育人主体之间应在开放、合作、共赢的思想下，摒弃各自为营的固化思维和本位意识，追求内在的和谐统一，形成良性互动，共同推动育人目标的实现。协同育人的开放互补原则主要表现在以下两个方面。

（1）坚持协同育人主体资源的开放互补原则。

（2）协同育人主体秉持开放包容的态度，尊重其他育人理念和价值观，营造轻松愉悦的育人氛围。

（四）目标同一性原则

协同育人的核心在于共同育人、合作育人。协同育人主体为了实现合作育人的效果，应坚持自愿、平等、互相尊重的原则。在遵守社会道德和法律底线的基础上，坚持目标同一性原则。在充分遵循受教育者身心发展规律的基础上，将促进受教育者的身心发展、能力与素质的发展作为共同目标。通过推动教育目标的达成，实现协同育人。

三、协同育人的价值

协同育人具有独特的价值，主要体现在以下几个方面。

（一）协同育人能够引导育人主体树立科学的教育观

协同育人作为一种多育人主体共同参与的育人方式，在育人过程中借鉴了多育人主体的长处，弥补了单育人主体的不足。当协同育人的多育人主体朝着育人目标迈进时，需要树立科学的教育观，协调各育人主体的育人方式，以便发挥1+1>2的育人效果。

（二）协同育人能够建立健全学校教育

协同育人作为学校的一种育人模式，在充分集中学校资源的基础上，联合校外力量进行育人，能够有效弥补学校教育单一性的不足，进一步建立健全学校教育。学校作为专门的育人场所，往往会根据一定的目的、计划，有组织地进行教育活动。然而，在实际教学过程中，学校限于教育资源的不足，往往注重学生的理论知识教育，较少对学生进行实践教育。

协同育人教育模式，除了学校的育人主体之外，往往还通过一定的机制引导家庭、社会其他组织或机构参与其中，极大地拓展了教育资源。从这一视角来看，协同育人具有健全和完善学校教育的价值。

（三）协同育人能够发挥"最大化发展"的教育价值

协同育人涉及校内以及校外的多个育人主体，各育人主体之间以共同的教育目标为导向，能够充分发挥不同育人主体之间的教育合力，达到良好的教育效果。

由于协同育人的教育模式中，除了倡导学校教育之外，往往还倡导社会教育组织或机构的参与，所以在这一过程中，学校可以充分利用社会组织或机构的教育资源，借鉴其教育教学模式，促进学校教育改革。与此同时，社会组织或机构参与学校育人，能够促进在校学生的社会化效果，将学校教育与社会发展及社会对人才的需求结合起来，在遵循教育规律和青少年身心发展规律的同时，推动教育的社会化，为学生创造良好、积极、健康的发展环境。

综上所述，协同育人是指多元化的育人主体在整合各个要素的基础上，坚持一定原则实现育人目的的机制。

第二节 协同育人理论的发展

协同理论，也被称为"协和学""协同学"，是由德国著名的物理学家赫尔曼·哈肯提出。协同理论吸收了系统理论的精髓，并与自然科学领域的系统论相结合，搭建起不同学科之间沟通联系的桥梁。本节主要对协同育人理论的基础进行分析。

一、系统理论的概念及特点

协同理论是20世纪70年代形成的一门新兴学科，属于系统科学的分支理论。系统是由若干要素以一定的结构和形式连接组合而成的有机整体，包含系统、结构、要素和功能四个部分。[①]系统理论最早由西方学者贝塔朗菲提出。系统理论具有以下几个特点。

（一）整体性

系统是由诸多要素以一定的顺序、结构、形式连接组合而成的有机整体。单一要素构成的结构不能称之为系统，只有两个或两个以上要素在非线性相互作用的基础上，才能形成一个完整的系统。因此，系统具有整体性的特点。系统的整体大于各个部分之和，是系统内部各个要素相互作用、相互联系的集合体。认识系统需立足于系统的整体角度，在对系统内部各个要素进行整体把握的基础上，认识系统与外在环境之间的相互作用。

（二）关联性

系统理论强调系统内部的各个要素之间相互关联、相互作用。除了系统内部的相互关系之外，系统外部环境与系统内部也存在一定的有机关系。系统内部的要素与外部环境之间存在能量、信息、物质交换的关系。

[①] 许登峰，甘玲云. 西部民族地区战略性新兴产业协同创新研究[M]. 北京：中国科学技术出版社，2020：12.

（三）层次性

系统内部诸要素之间存在许多层次。层次性代表着系统内部新的联结与关系的确立，系统的层次越高，系统的组织性就越强。一般而言，高层次的系统会与低层次的系统之间存在驾驭、支配以及控制的关系。同时，系统的性质一般由高层次的系统关系决定。层次性是系统的主要特点，并且在系统内部起着十分重要的作用。

（四）动态平衡性

任何组织系统均非永恒的、静止的状态，而是处于一种运动和变化的状态，并且遵循动态平衡性的原则。

（五）有序性

系统的运动状态并非处于无序状态，而是有序可循。

二、马克思主义的社会发展合力理论

马克思和恩格斯较早提出了社会主义发展合力理论。马克思和恩格斯在对资本主义社会的特点进行分析时指出，资本主义最基本的生产方式是协作，而协作可以使劳动取得更高的效率，并由此提出了社会发展合力理论。

马克思和恩格斯强调，经济因素是社会发展的根本动力，经济因素与社会其他因素一起形成"合力"，推动社会发展。马克思在对社会发展合力的论证中，强调了社会各要素之间的相互作用。而恩格斯继承了马克思的合力理论，并且对人类社会发展中的经济因素与政治因素之间相互作用的辩证关系进行了阐释。此外，恩格斯还从社会发展主体的视角，对人的意志在社会发展中的作用进行了分析，对马克思的"合力"思想进行了发展，使其变得更加具体。

恩格斯在阐释合力理论时指出："历史是这样创造的：最终的结果总是从许多单个的意志的相互冲突中产生出来的……而最后出现的结果就是谁都没有希望过的事物……每个意志都对合力有所贡献，因而是包括在这个合力里面的。"[①] 这个"合力"并非单个意志的简单相加，而是形成了一种新的力量，这种新的力量与构成主体的单一力量相比有本质的区别。由此可见，构成社会系

---

① 中共中央马克思恩格斯列宁斯大林著作编译局. 马克思恩格斯选集：第 4 卷 [M]. 北京：人民出版社，1995：697.

统的个体的意志和力量并不是单独对社会系统起作用，而是无数个体意志和力量形成合力后，对社会产生整体性的作用，而这一作用并不以个体的意志为转移。

恩格斯指出人的意志合力是社会动力系统的要素之一，他们对社会发展的影响也是在交互作用中融合为一个系统整体，从而发挥着整体的作用。这就要求人们必须重视各个要素之间的协调配合，从而使系统处于良性状态并发挥出最大功效。[1]

从马克思和恩格斯的合力理论中可以看出，人的意志合力是社会动力系统的要素之一，其对社会发展的影响通过社会合力表现出来。在社会发展的过程中，必须充分发挥社会合力的总体功能和效果，重视各种动力因素在社会发展中的作用，明确社会经济因素和物质生产对社会发展的影响和作用。只有充分重视影响社会发展的各种要素之间的协调与配合，才能使整个社会系统处于良性的发展态势并且发挥出最大的社会功效。

中华人民共和国成立以来，马克思主义理论作家对"合力"一词均有着深刻的理解和精辟的论述。例如，全员育人思想，即强调充分发挥包括专任教师、行政人员、后勤人员等教职员工的育人意识和育人责任，强调全员参与育人的过程，共同发挥育人合力。

三、赫尔曼·哈肯的协同理论

协同理论最早由德国物理学家赫尔曼·哈肯提出，于20世纪70年代作为系统科学的分支，逐渐发展成为一门新兴学科，该学科的形成和发展建立在多学科的研究基础之上。1971年，赫尔曼·哈肯率先提出了协同的概念。1976年，赫尔曼·哈肯发表著作《协同学导论》，对协同理论进行了系统的阐释。

赫尔曼·哈肯认为，协同系统是在远离平衡状态的开放系统后，与外部环境之间发生能量交换或物质交换时，通过内部协同的相互作用，自发性地呈现在空间、时间和功能方面的有序结构。[2]

协同理论的研究领域可以拓展至不同学科或领域，从而将看似完全不相关的领域紧密地联系在一起，形成跨学科的理论系统。

协同效应，简而言之，即为"1+1>2"的效应。协同效应是由协同作用而产生的结果。任何系统内部均存在一定的协同作用，协同作用是系统有序结构

---

[1] 刘社欣. 思想政治教育合力研究 [M]. 北京：人民出版社，2013：110.
[2] 夏志良. 文化创意背景下的隐宿产业开发研究 [M]. 北京：中国轻工业出版社，2019：51.

形成的内驱力。协同作用一般产生于外来能量且作用于系统，并且在达到某种临界值状态时，系统内部的各个要素和子系统之间即会产生协同作用。系统内部的协同作用能够使处于无序状态的子系列以及各要素之间重新组合，从而在混沌中生成某种稳定结构，从而产生集体效应和协同效应。

协同效应广泛存在于自然现象和社会现象之中。以自然现象为例，两根树藤交织在一起时，往往能够产生一根树藤的数倍拉伸力，呈现出较强的协同效应。

四、伊格尔·安索夫的战略协同理论

伊格尔·安索夫被誉为战略管理的鼻祖、战略管理之父，其将军事战略，尤其是将军事谋略应用于企业战略的运营之中，并在其中应用了协同理念。

1965年，伊格尔·安索夫出版了《公司战略》一书，并在其中提及"协同"一词，将其作为公司战略的四要素之一，同时明确了协同的经济学含义。值得注意的是，伊格尔·安索夫虽然在企业管理中提出了"协同"一词，但是并未提出协同理论。直到20世纪70年代，物理学家赫尔曼·哈肯才提出了协同理论。

伊格尔·安索夫的战略协同理论强调军事上的谋略在企业经营战略中的作用，然而伊格尔·安索夫并非完全在企业经营战略中照搬和套用军事上的谋略。伊格尔·安索夫指出，企业经营战略是指企业为了适应外部环境对目前从事的和将来要从事的经营活动进行的战略决策。企业战略与军事战略之间存在本质的区别。军事战略的目标是侵略或消灭对手，围绕这一目标，进行军事情报的搜集、行动计划的制订、行动方案的布局的确定，并在战场上进行排兵布阵，最终夺取战争的胜利；而企业战略的目标则是整合资源和创造价值，通过对资源的合理布局和分配，实现企业的战略目标。

伊格尔·安索夫的企业战略理论认为，企业战略的核心是明确自身所处的位置，并界定自身的目标，以及明确为实现这些目标而必须采取的行动。伊格尔·安索夫认为，企业经营战略由四个要素构成，即产品市场范围、成长方向、竞争优势和协同作用。企业决策包括企业战略决策、企业行政决策和企业日常运作这三个方面。其中，企业战略决策包括产品与市场的内容；企业行政决策包括结构和资源调配的内容；企业日常运作包括预算、监督和控制的内容。

伊格尔·安索夫认为，在企业经营过程中，只有企业战略决策、企业行政决策和企业日常运作这三个方面协调一致并相互适应时，才能有效提高企业

的效益。企业协同是指企业通过识别自身能力与机遇的匹配关系，成功拓展新的事业。企业的协同战略能够像纽带一样，将公司多元化的业务连结起来，从而实现企业业绩的增长，为企业开拓新的发展空间。

企业的多元化战略协同效应主要表现在，通过人力、设备、资金、知识、技能、关系、品牌等资源共享的方式，发挥出降低企业成本、分散企业的市场风险以及实现企业规模效益的作用。在此基础上，伊格尔·安索夫提出了安索夫模型，该模型的核心即通过企业和市场的分析，确定行之有效的企业战略。安索夫指出，随着现代社会的发展，人类社会呈现出全球化、复杂化和非线性化的特点，而现代社会事物之间的非线性的相互作用具有较强的协同效应。协同效应既不能归因于单一缘由，也不具有长期预见性。因此，针对现代社会的这一变化，企业在发展过程中需要新的策略以应对非线性的复杂系统。战略作为能够协调各部门、企业内部各群体之间的决策，在现代企业管理中具有极其重要的地位。在企业战略框架下，企业组织内部的行动将形成统一的，以目标和策略为中心的整体，从而促使企业内部员工团结一致。

五、协同教育理论

协同教育理论是协同理论应用于教育领域而形成的教育理论。协同教育理论源于1996年，由我国学者刘纯姣在《学校家庭协同教育构思》一文中提出。协同教育将现代人类社会的教育划分为三大教育系统，即家庭教育系统、学校教育系统和社会教育系统，见表1-1。不同教育系统均有其自身的要素与功能，各要素之间相互联系并发生作用，从而产生各自的教育功能，并在此基础上形成教育合力，从而达到良好的教育效果。

表1-1 协同教育三大教育系统

三大教育系统	内涵	作用
家庭教育系统	家长、家庭教育媒体	使家庭、学校、社会三个维度的教育的联系更加紧密，引导师生互动，朝着灵活、深刻的方向发展
学校教育系统	学校教师、学校教育媒体	
社会教育系统	社会教育组织者、社会教育媒体、社会成员	

协同教育理论的原理在于，在现代社会中，人的一生需要经历家庭阶段、学校阶段、社会阶段的教育，这三个阶段的教育既存在线性联系，又同时存在

具有非线性联系的特点。

根据协同教育理论，学校作为专门的人才教育机构，学校的教育计划和教育决策应当得到家庭教育和社会教育的支持与配合，这样才能实现学校教育效果的最大化。因此，学校应通过引进社会资源的方式，让家庭和社会参与学校教育，推动学校教育目标的实现。

协同教育又可以分为协同家庭教育、协同学校教育和协同社会教育三种类型。每一种类型又可细分为多种类型（如图1-1所示）。

```
协同教育
├── 协同家庭教育
│   ├── 学校协同家庭教育
│   │   └── 例如，早教等
│   └── 社会协同家庭教育
│       └── 例如，博物馆教育、图书馆教育等
├── 协同学校教育
│   ├── 家庭协同学校教育
│   │   └── 例如，家庭实践课等
│   └── 社会协同学校教育
│       └── 例如，社会实践课等
└── 协同社会教育
    ├── 家庭协同社会教育
    │   └── 例如，情感教育等
    └── 学校协同社会教育
        └── 例如，自学考试、技能培训等
```

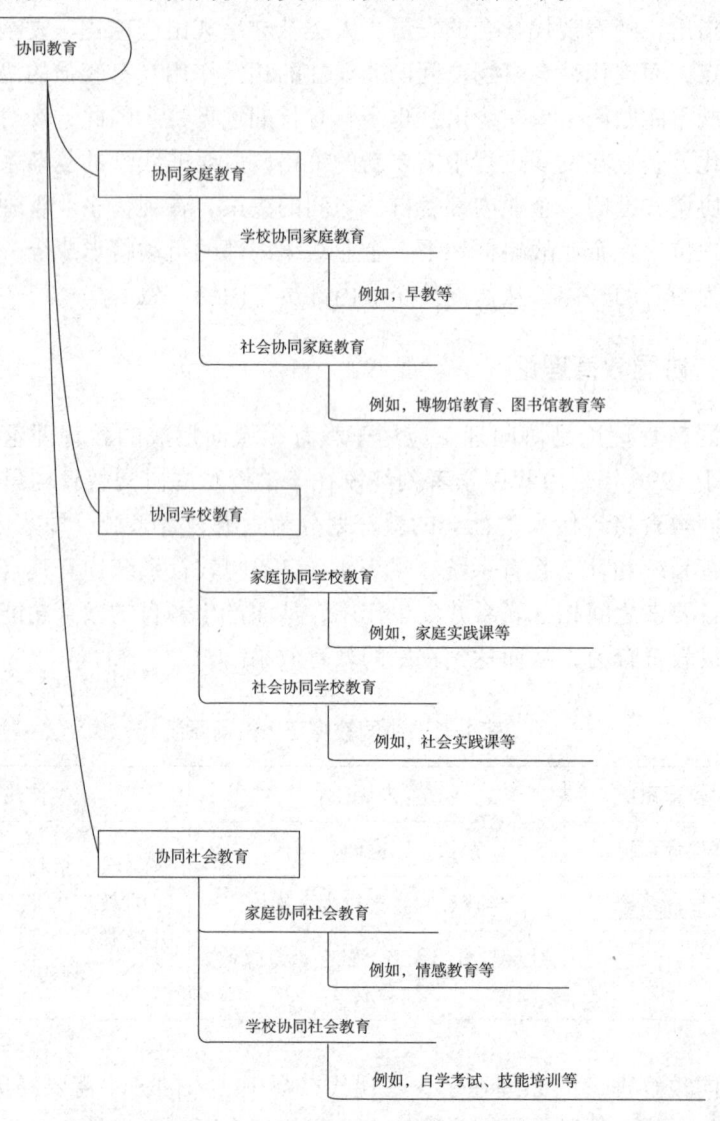

图1-1　协同教育类型划分示意图

协同教育作为现代社会的一种教育模式，具有较强的时代性和发展性。伴随现代教育的发展，协同教育的形式仍在不断创新，推动学生素质朝着全面协调的方向发展。

第三节　协同育人理论的意义

协同育人理论作为一种育人理论，通过整合课内与课外、校内与校外等教育资源，使各育人主体合力形成一个综合性的育人系统，而协同育人系统能否发挥作用，取决于各育人主体之间能否协同合作。如果协同育人主体不能协同合作，则会破坏协同育人系统内部的有序结构，致使整个系统失去生机。本节主要对协同育人理论的意义进行分析。

一、协同理论揭示了不同系统之间相互作用的基本原理

协同理论作为系统理论的重要分支，揭示了同一系统之间，不同要素之间的相互作用或不同系统之间的相互作用。协同理论为现代社会中人们观察事物之间的联系或认识事物的发展提供了系统的、联系的、自我调节的以及有序发展的视角。

（一）系统的视角

任何事物均是由不同要素构成的，不同要素之间相互联系，形成多个子系统，多个子系统之间相互作用即可达成系统内部协同。系统具有相对独立性，有其自身发展的特点和规律。不同系统在保持独立的基础上，可以相互影响、相互合作。而系统之间的平等交流与合作，是事物协同发展的基础条件。

（二）联系的视角

联系是协同的前提，不同系统之间，只有通过相互联系才能产生互动与交流，也才能发挥系统的非线性作用。系统从无序向有序的转化，也需要子系统之间发生联系。由此可见，联系是系统协同的基本前提。不同的子系统受时间、环境等因素的影响，通过相互作用、彼此反馈可以有所发展，而子系统的发展又能够推动整个系统的发展。

（三）自我调节的视角

根据系统协同理论，在同一系统中，不同子系统在其内部机制的驱动下，与系统之间通过相互作用就会自发形成自组织结构。系统的自组织结构能够推动系统从无序逐渐朝着有序的方向发展。系统的自组织运动则发挥系统自我调节的作用。通过系统良好的自我调节功能，可以有效抑制系统内部的不良因素，推动系统不断以螺旋式上升的趋势朝着完善自身的方向发展。

根据协同理论，系统内部存在着序参量、控制参量等要素。其中，序参量和控制参量之间存在着相互影响的关系。一般而言，控制参量对序参量具有控制和导向作用，序参量在一定程度上也对控制参量产生影响。序参量在控制参量的影响下，通过放大或减小某些因素，即可实现自组织，从而调节系统的内部状态，使系统内部从低级无序朝着高级有序方向发展。

（四）有序发展的视角

系统内部的子系统之间的相互联系，推动了系统的发展。系统内部的自组织性能够通过放大或缩小某些因素的影响，使系统朝着健康有序的方向发展。以高校教育为例，高校作为社会教育机构，其内部由领导层系统、教学系统、后勤系统等多个子系统构成。在高校教育发展过程中，高校各子系统之间是围绕统一的教学目标进行工作的。在实现教学目标过程中，不同子系统相互作用，充分发挥其积极性，同时抑制不利于高校教育目标实现的因素，推动高校教育工作有序展开，并通过各子系统之间的协调，达成良好的教育效果。

二、协同育人理论的应用能够适应全球经济和文化的发展

自 20 世纪下半叶以来，伴随经济全球化以及知识经济和终身教育的时代的到来，全球经济和文化的发展发生了巨大变化。

（一）协同育人理论的应用适应了经济全球化对人才培养的要求

经济全球化主要是指生产要素通过在全球范围内的广泛流动，从而实现资源最佳配置的过程。[①] 经济全球化的概念最早出现在 20 世纪 90 年代初期，由经济学家 S. 奥斯特雷提出并使用，随后得到世界各国学者的认同和应用。

自 20 世纪 90 年代以来，经济全球化的进程加快，彰显出强大的生命力，从影响一个国家到影响多个国家，形成了以科学技术和信息技术为先导，将全

---

① 秦立崴. 国际商法 [M]. 北京：北京理工大学出版社，2016：15.

世界各个国家连接成一个整体的不可阻挡的经济趋势。进入21世纪以来，经济全球化持续发展，对世界各国的经济、政治、军事、社会、文化等产生了巨大影响。

经济全球化时代的到来，为世界各国提供了前所未有的发展机遇和挑战。一方面，经济全球化时代的到来为世界各国提供了在全球舞台上展示自我，在国际政治舞台上发挥作用的机遇；另一方面，经济全球化时代的到来，对世界各国的经济、政治、文化等方面提出了新的要求。世界各国想要融入经济全球化的发展热潮中，就需要加强对国际化复合型人才的培养。而高校针对国际复合型人才的培养，除积极提升自身的教育质量外，还应充分利用高校外部资源，通过高校内外协同发展的方式提升教育质量，为学生提供良好的教育资源和平台，以适应经济全球化的趋势。而高校内外协同发展的教育方式则不可避免地需要应用协同育人理论。

综上所述，协同育人理论的应用能够提升人才的国际化水平，对培养适应未来发展的国际化复合型人才起着极其重要的作用，为世界各国适应经济全球化的趋势、抓住经济全球化的机遇提供重要的人才资源。

（二）协同育人理论能够适应知识经济时代对人才培养的要求

20世纪80年代，美国学者保罗·罗默提出知识是一种重要的生产要素。1996年，经济合作与发展组织（Organization for Economic Co-operation and Development，简称OECD）在其报告《知识经济》中首次提出了知识经济的概念，并提出知识经济时代已经到来。

知识经济时代是伴随科技革命而兴起的，与农业经济时代和工业经济时代相比，其具有五个典型特征。

1. 在知识经济时代下，知识成为社会生产的核心资源，也成为创造社会价值的资源，劳动的核心资源表现为有形的工具；而在知识经济时代下，知识是主要资源和核心来源。在农业经济时代和工业经济时代，知识转化为劳动者的无形资源，并上升为劳动者和社会生产的核心资源。

2. 在知识经济时代下，知识价值链在经济创造和价值创造方面产生的效益更高。

3. 在知识经济时代下，知识成为推动社会经济发展的主要力量，推动人们生活、学习的节奏加快，各种经济现象的发展速度加快，使企业的生命周期缩短，以及企业和个体所面临的生存和发展的压力空前加剧。

4. 在知识经济时代下，知识经济成为时代的主旋律，知识创新成为助推社会发展的加速器，在促进企业成长和发展中起着独一无二的作用。

5. 在知识经济时代下，知识型劳动者成为社会经济生活的主体。社会对劳动者的技能构成提出了新的要求，即要求劳动者拥有更多的知识。只有实现知识化与劳动化的统一，才能在知识经济时代立于不败之地。

从上述知识经济时代的特点可以看出，知识经济时代对社会人才的需求提出了全新的要求，要求人才除具备基础知识与能力之外，还应具备较强的知识应用技能和知识创新技能。而人才的知识应用和知识创新离不开育人主体对人才实践与创新能力的培养。

学校限于教育资源，通常更加侧重人才的理论知识教育，然而空有理论知识的人才，无法适应知识经济时代社会对人才的需求。协同育人理论的应用，可以构建以学校为主体的育人联合体，集中学校内外资源，为人才提供实践基地，这样有利于培养和提升人才的知识应用和创新能力。由此可见，知识经济时代的到来，为协同育人理论的应用提供了良好的机遇。

（三）终身教育时代对协同育人理论应用需求的影响

终身教育，又称"永久教育""生涯教育"。终身教育作为一种现代教育思想，最早于1965年由法国成人教育学家保罗·朗格朗提出。保罗·朗格朗主张，成人教育应伴随人的一生，让教育成为一个终身的过程。他强调一个人的教育训练和学习不应随着学校教育的结束而结束，而是应该伴随人的出生到死亡的、持续不断的、终身化的过程。

终身教育概念的提出得到了世界各国学者的认同。终身教育指完全意义层面上的教育，它包括教育的所有方面以及各项内容。从人出生开始，一直到人的生命的终结，不间断的发展，应包括教育各个发展阶段、各个关头之间的有机联系。[①]

进入21世纪以来，伴随着新技术的发展和应用，知识更新迭代的速度越来越快。作为社会中的个体，人们在学校所学的知识和技能不足以支撑一个人一生的职业发展需求。在学校教育之外，劳动者还应积极通过社会教育资源，不断提升和完善自身的知识和能力体系，以更好地适应社会的发展。

终身教育时代的到来，对世界教育的改革和发展具有极其重要的意义。终身教育的提出，改变了过去将人的一生划分为学习期和工作期的观点。终身

---

① 欧阳忠明，肖玉梅，肖菲. 终身教育探寻学习的财富[M]. 重庆：西南师范大学出版社，2014：6.

教育提出后，促进了教育社会化和学习型社会的建立。此外，终身教育的提出还为学习者指出了一条自我发展和自我完善的道路。

综上所述，终身教育时代的到来，对社会人才的知识与能力提出了新的要求。传统的学习阶段思想被打破，劳动者在走出学校、走上社会后，应积极通过各种社会培训方式来获得知识和技能。由此可见，终身教育时代对协同育人理论的应用需求产生了极其重要的影响。

三、协同育人理论适应了我国人才市场的需求

（一）协同育人理论能够适应供给侧改革对人才培养的要求

改革开放以来，中国经济取得了快速发展。尤其自20世纪90年代中国加入世界贸易组织之后，中国经济突飞猛进，同时也推动了社会主义各项事业的快速发展。经济总量和经济增量规模不断扩大，屡创新高。自2015年以来，我国经济发展进入了一个新的阶段，经济的结构性分化趋于明显。为适应这种变化，我国在正视传统需求管理还有一定优化提升空间的同时，迫切需要改善供给侧环境，优化供给侧机制，以大力激发微观经济主体活力，从而增强我国经济长期稳定发展的动力。

供给侧改革一般指供给侧结构性改革，是从供给、生产端着手，通过解放生产力、提升竞争力，促进经济发展，淘汰落后产能，发展新兴领域，创造新的经济增长点。供给侧改革的核心是有效化解过剩产能，促进产业优化重组，以拓展空间培育优势产业、新兴产业，扩大产业及其规模。

供给侧改革对我国人才市场产生了巨大影响。一方面，供给侧改革的深化发展，迫使传统企业优化升级、淘汰落后产能。在这一过程中，使得部分缺乏劳动技能的职工面临下岗再就业以及就业难的窘境；另一方面，供给侧改革的深化发展，推动了以高新技术作为基础的高新技术企业的发展，对劳动者的知识和技能提出了更高的要求，要求劳动者全面提升自身的能力和素质。

对于落后产能的传统劳动者来说，只有通过学校或社会培训机构开设的专门的知识或技能课程进行再培训，才能掌握先进的技术知识，以更好地适应社会对人才的需求；对于高新技术人员来说，由于高新技术企业对知识和技能的更新迭代较为快速，劳动者必须通过企业培训或学校教育、社会培训等途径，不断学习新知识和新技术，才能适应社会对人才的需求。

综上所述，供给侧改革对社会劳动者提出了更高的要求。为了适应劳动者的再学习或再培训，需落实协同育人理论，通过整合学校内外资源，为社会

劳动者提供相应的知识或技能培训。

（二）协同育人理论能够适应数字经济时代对人才培养的要求

在数字经济时代下，伴随着互联网信息技术、大数据技术、人工智能技术等的发展，颠覆了人类传统的生产和生活方式，开创了全新的经济格局。一方面，数字技术成为社会经济发展的主要动力，推动着数字产业的快速发展；另一方面，数字技术带来的变革，突破了互联网产业的界限，并扩展至传统农业、工业和服务业的领域，对传统经济的生产模式、供应链、价值链、营销链、服务链等均产生了较大冲击。新的市场和服务模式的出现及不断发展，有力推动着社会就业形态的创新和新职业的出现。

自2015年以来，我国陆续发布了多批新职业，在这些新职业中，既存在人工智能工程技术人员、物联网工程技术人员、大数据工程技术人员、云计算工程技术人员、数字化管理师等掌握着先进数字技术的人员，又存在大量诸如在线学习服务师、数字化解决方案设计师、商务数据分析师等利用数字技术为特定人群提供服务的人员。由此可见，社会对人才的需求越来越侧重于人才的知识应用能力、知识创新能力以及知识迁移能力。而协同育人理论能够通过整合学校内外资源的方式，满足社会对人才知识和能力应用性较强的需求。

（三）我国协同育人政策的发展及其影响

在现代社会中，个体的学习、生活、工作均与社会息息相关。学校作为现代社会的主要教育机构，承担着为社会培育人才的重任。学校培养的人才应当与社会需要结合起来，适应社会发展的需求。为了实现这一育人目标，学校在人才培育的过程中，应与家庭、社会组织机构进行合作，形成人才培养合力，促进人才的高质量发展。

中华人民共和国成立以来，我国通过家校合作的方式，实现家校互通，推动教育发展。改革开放以来，伴随着中国特色社会主义经济体制的构建和深化发展，社会对人才的需求提出了新的要求。20世纪80年代以来，我国相继出台了一系列推动社会协同育人的新政策（见表1-2）。

表1-2 改革开放以来我国的协同育人政策一览表

阶段	年份	政策	要点
第一阶段家校社协同育人的探索阶段（1985—2009年）	1985年	《中共中央关于教育体制改革的决定》	明确了社会和家庭在义务教育中的责任和义务
	1986年	《中华人民共和国义务教育法》	学校、教师能够对学生家长提供教育指导
	1991年	《中华人民共和国未成年人保护法》	家校、社会应共同加强对未成年人的保护
	1992年	《九十年代中国儿童发展规划纲要》	建设多元化家长学校机制
	1994年	《关于进一步加强和改进学校德育工作的若干意见》	提出家校合作的具体形式
	1995年	《中华人民共和国教育法》	对家庭与学校之间的相互关系作出明确规定
	1996年	《全国家庭教育工作"九五"计划》	强调通过提升家长素质，达到家庭、学校、社会协调发展
	1999年	《关于深化教育改革，全面推进素质教育的决定》	家校社三方合作被纳入素质教育框架
	2001年	《新时代公民道德建设实施纲要》	强调家庭、学校以及机关、企事业单位、社会在公民道德教育方面各有侧重、各有特点，是一个相互衔接、密不可分的整体
	2004年	《关于进一步加强和改进未成年人思想道德建设的若干意见》	明确了学校、家庭和社会在未成年思想道德建设方面的协同作用
第二阶段家校社协同育人的发展阶段（2010—2015年）	2010年	《国家中长期教育改革和发展规划纲要（2010—2020年）》	将家校社协同育人纳入现代学校制度
		《全国家庭教育指导大纲》	为家庭教育指导提供了政策依据
	2011年	《关于进一步加强家长学校工作的指导意见》	提出了明确的家校合作指南
	2012年	《关于建立中小学幼儿园家长委员会的指导意见》	倡导在中小学、幼儿园等机构成立家长委员会，有利于提升家校合作的规范化
	2013年	《关于培育和践行社会主义核心价值观的意见》	倡导完善家庭、学校、社会教育网络，突出了家校社协同育人的合力
	2015年	《关于加强家庭教育工作的指导意见》	进一步强化了家校合作育人的理念

续 表

阶段	年份	政策	要点
第三阶段家校社协同育人的全面推进阶段（2016年至今）	2017	《关于深化产教融合的若干意见》	发挥企业在育人中的主体作用，倡导教育和产业统筹发展
	2019年	《中国教育现代化2035》	建成服务全民终身学习的现代教育体系，普及有质量的学前教育、实现优质均衡的义务教育；全面普及高中阶段教育；职业教育服务能力显著提升；高等教育竞争力明显提升，残疾儿童少年享有适合的教育，形成全社会共同参与的教育治理新格局
		《建设产教融合型企业实施方法（试行）》	倡导地方政府支持企业参与职业教育
		《国家产教融合建设试点实施方案》	探索校企融合发展落实方案
	2020年	《职业教育提质培优行动计划（2020—2023年）》	健全以企业为重要主导、职业学校为重要支撑、产业关键核心技术攻关为中心任务的产教融合创新机制
		《关于推动现代职业教育高质量发展的意见》	明确提出健全多元化办学格局，强调社会资本对职业教育的支持
	2021年	《中华人民共和国国民经济和社会发展第十四个五年规划和2035年远景目标纲要》	明确提出构建覆盖城乡的家庭教育指导服务体系，健全家庭、学校、社会的协同育人机制
		《中华人民共和国家庭教育促进法》	明确提出建立健全家庭、学校、社会的协同育人机制，为家校社共育奠定了法律基础

从表1-2中可以看出，改革开放以来，我国有关部门发布了一系列促进家庭、学校、社会协同合作，提升教育成果的文件。进入21世纪以来，我国逐渐进入社会经济体制改革的深化期以及促进经济转型升级的关键攻坚期。伴随数字技术的更迭换代，人工智能、大数据以及物联网等新兴产业发展迅速，传统农业和工业制造业逐渐转型升级。在此历史时期，社会对人才的需求也发生了变化，迫切需要既具有先进理论知识，又具有实际动手能力和创新能力的人才。

家校社共育制度有利于培养和提升人才的知识应用与创新能力，尤其是产生了产教融合的教育模式，将学校与社会人才培养机制结合起来，为家校社协同育人探索出一条实用的道路。

四、协同育人理论在高校师范生培养中的作用

师范教育是培养教师的主阵地、主渠道，一个国家或地区的师范教育的好坏，直接关系着该国家或地区的教育质量。因此，协同育人理论在高校师范生培养中起着十分重要的作用。

师范教育作为一种应用型的人才教育，不仅要求师范生掌握一定的专业知识和技能，还要求师范生具有较高的教学技能。师范生教学技能的培养一般通过两种方式实现，一种方式是课堂理论教学，另一种方式则是实践教学。其中，培养师范生教学技能的实践教学又可细分为校内实践教学和校外实践教学两种类型。校内实践教学主要指课堂实践教学，即师范生在课堂上进行无学生教学实践；校外实践教学则是指师范生到校外实践基地或对口学校进行教育教学实习，在真实的教学氛围中获取教学知识，锻炼和提升自身的教学能力。

协同育人理论倡导通过将不同的系统资源整合，以达成教育的目标，提升教育效果。鉴于师范生培养的特殊性，在师范生培养中应用协同育人理论，可以有效整合高校内外资源，为师范生提供教育实习基地。协同育人理论在师范生培养中的作用主要体现在以下几个方面。

（一）提升师范生的实际教学能力

协同育人理论倡导将校内外教育资源结合起来，在进行高等教育的同时，引导师范生到校外教育实习基地进行教学实践。教学活动是一门实践性较强的活动，也是一个师生互动的过程，可能会遭遇各种突发状况。师范生在教育实习基地面对的是真实的学生和课堂，只有通过亲身实践，才能将教育理论知识转化为教育实践知识，才能够真正提升自身的实际教学能力。

（二）增强师范生对教师职业的认同感

职业认同感指一个人内心深处对其所从事职业的认可状态。无论是哪种职业的从业者，只有从内心深处认同自己所从事的职业，才能激发出工作热情，积极投身工作，在工作中作出成就。师范生也是如此。作为未来的教师，师范生只有认同教师这门职业，才能在教学工作中投入百分百的热情，积极探索和创新教育方法，提升教学质量；相反，如果师范生对教师职业的认同感较弱，则不利于提升其从事教师工作的积极性。

协同育人理论倡导通过整合校外资源的方式，为师范生提供专门的实习基地，便于师范生体验未来的职业发展环境。除此以外，师范生在实习基地进行教学时，感受到学生对知识的渴求和对自己的信任，以及家长的信任与依赖，能够帮助师范生建立对职业的崇高感和幸福感，有利于增强师范生对教师职业的认同感。

（三）检测师范教育的质量

在协同育人理论下，师范生在教育实习基地进行教育实习活动时所面临的教学环境是真实的教学环境。在这种真实的教学环境中，师范生的素质和能力可以得到真实的考察，并据此可以检验师范院校的教育质量，有利于师范院校有针对性地对教学进行改革和调整，以提高师范生的社会适应性和教育适应性。

在协同育人理论的背景下，师范生的培养模式主要包括全程教育实习模式、混合编队教育实习模式、协作型教育实习模式、发展型教育实习模式、顶岗教育实习模式、委托教育实习模式、前延后续两段式教育实习模式和三段式教育实习模式等。

综上所述，协同育人理论在师范生培养中起着极其重要的作用，而顶岗实习则是师范生协同育人培养模式的主要类型之一。后文将围绕顶岗实习的协同育人模式对语文师范生教学能力进行详细分析。

第二章　语文师范生的教学能力

第一节　语文师范生教学能力的构成分析

　　语文师范生即语文教育专业的师范生，未来将以语文教师作为职业。语文师范生的教学能力是语文师范生综合能力素养的重要组成部分，在语文师范生教学中起着重要作用，直接关系着未来中小学语文教学及幼儿语言教学的质量。本节主要对语文师范生的教学能力的概念和构成进行详细分析。

一、语文师范生的能力概述

（一）能力的概念辨析

　　能力，就是指胜任某项任务的主观条件。能力不是天生的，而是以个人的生理和心理素质为基础，在认识和实践的活动中形成、发展出的完成某种任务的能动力量。[①] 个体在某方面的能力的形成与个体的生理机能和心理作用，以及社会文化因素等息息相关。能力是体力和智力的有机结合、物质和精神的动态统一。

　　"能力"一词在使用中，常与智力、素质、知识、技能的概念混淆。本节在此对能力、智力、素质、知识、技能的概念加以区分，明晰能力的概念及特点，以便读者更好地理解能力的概念与内涵。

1.能力与智力的概念辨析

　　智力是人脑对客观事物的现象及其规律的反应能力，属于个体认知方面的能力。

　　能力与智力之间存在极其密切的联系。一方面，智力是能力的重要组成部分，在个体能力的构成和发展中起着关键作用。智力是能力的外在表现，个体的智力高低直接决定着个体能力的高低。如果个体智力较高，那么可能会表现出较高的能力；相反，如果个体智力较低，那么个体的能力则会受到一定的限制。另一方面，智力不等于能力。除了智力之外，个体的能力还受兴趣、情感、意志等诸多非智力因素的影响。

　　了解能力与智力的概念异同，以及能力与智力之间的关系，对语文师范生至关重要。语文师范生经过层层选拔进入师范院校或综合院校学习，其智

[①] 罗树华，李洪珍.教师能力概论[M].济南：山东教育出版社，2001：7.

力水平相对较高。语文师范生要想成为一名合格的语文教师，提升教育教学能力，还需要勤于学习、精于思考，保持良好的智力水平；同时勇于实践，在实践中不断拓展知识的边界。此外，语文师范生作为未来的语文教师，了解能力与智力之间的关系，在走上教师岗位后可以将学生的智力开发与个性培养结合起来，通过开发学生的智力，培养学生健全的心理和良好的个性，为学生的能力发展创造有利条件。

2. 能力与素质的概念辨析

素质指事物本来的性质和基础，人的素质指人所具有的从事某种活动的生理、心理条件或身心发展水平。其中包括人的先天禀赋和被内化的、后天的教育、影响诸因素。个体素质与能力之间的关系极其复杂。

其一，个体素质包括个体生理素质和心理素质两个方面。个体素质和能力的构成因素相同，而且个体素质是个体能力产生和发展的前提和基础。如果个体不具备某种素质，就难以形成相应的能力。此外，即使个体已经具备了某种素质，也必须经过实践才能形成某种能力。例如，个体具备了游泳的基本生理和心理素质，如果不经过刻苦实践，也无法具备游泳的能力。

其二，个体素质对能力的形成和发展存在导向和制约作用。这就要求教师在教学中，因材施教，注意培养和发展学生的个性和特长，同时又要坚持社会主义建设者和接班人的培养目标，注重培养学生的创新精神和实践能力，以提升学生的综合素质。

其三，素质和能力具有可变性。在一定条件下，能力与素质之间存在正相关关系。个体的素质和能力均不属于天生，均可通过后天的培养和教育养成。在一定条件下，个体的能力与素质之间存在正相关关系，个体能力随素质的提高而不断发展。

语文师范生了解能力与素质概念的异同，以及能力与素质之间的关系，有助于在学习和实践阶段，有意识地提高自身各方面的素质，不断提升综合能力，同时也有助于其以后走上教师工作岗位后，正确培养学生的能力和素质，不断促进学生的能力与素质的发展。

3. 能力与知识的概念辨析

知识是对事物属性与联系的认识，表现为对事物的知觉、表象、概念、法则等心理形式，可以通过书籍和其他人造物独立于个体之外。[1] 知识是人类在实践中认识客观世界（包括人类自身）的成果，包括事实、信息的描述或在

---

[1] 顾明远，教育大辞典（第一卷）[M]. 上海：上海教育出版社，1990：44.

教育和实践中获得的技能，是人类在认识和改造世界的过程中的经验总结。知识和能力之间存在较为紧密的联系，主要表现在两个方面。一方面，知识是能力形成和发展的基础。个体只有掌握了某一领域内客观事物的发展规律及其与特定活动对象之间的内在联系，才能具备某种能力；相反，如果个体缺乏某一领域的知识，那么就无法形成某种能力。另一方面，能力能够促进个体对知识的掌握和运用。能力是个体获取知识和运用知识的必要条件。一般个体具有的能力越高，其所获得的知识越渊博。知识只有经过实践才能转化为能力，否则个体的知识再丰富也不能提升个体相应的能力。

语文师范生了解能力与知识概念的区别后，在自身能力培养方面，应当注重自身知识的积累，同时也要积极参加实践活动，只有这样才能提高教育教学能力。

4.能力与技能的概念辨析

技能是指人们按照某种规则掌握各种专门技术的运作方式。技能是在一定的生理条件下，在心理活动的支配下，按照某种要求，经过反复练习而形成，并通过人的外在的、固定的活动方式，即"规定动作"表现出来的。能力与技能之间的主要区别在于，技能是人们通过后天的学习和效仿自己能够掌握的技能；而能力是通过培养获得，一般很难通过学习和仿效获得。

能力与技能之间存在紧密联系，主要表现在两个方面。一方面，能力可以促进技能的形成；另一方面，技能可以推动能力的进一步发展。

语文师范生了解能力与技能的概念及其之间的关系，能够激励语文师范生正确处理能力与技能之间的关系，不断加强自身学习能力、实践能力的锻炼，学习和掌握教学技能，提升教学能力。

（二）语文师范生知识结构概述

知识在能力的形成和发展中起着极其重要的作用。语文师范生的知识结构与能力体系的构成，直接关系着语文师范生未来从事语文教师职业的综合素养，以及语文师范生的教育教学能力的形成与发展。

语文师范生作为未来的语文教师，应当具备语文教师的知识体系。自20世纪下半叶以来，国内外学者从不同角度出发，对教师应当具备的知识体系进行了深刻的分析与研究，并提出了不同的观点（见表2-1）。

表2-1 国外代表性的教师知识构成一览表

研究者	教师知识分类
李·舒尔曼	①一般教学知识 ②关于学生的知识 ③学科知识 ④教学内容知识 ⑤其他内容知识 ⑥关于课程的知识 ⑦教育目标的知识
雷诺兹	①有关任教学科的知识 ②有关教学理念的知识 ③有关学生与学习的知识 ④有关教室组织与管理的知识 ⑤有关教学的社会、政治、文化背景等的知识 ⑥有关特殊儿童的知识 ⑦有关课程的知识 ⑧有关评价的知识 ⑨有关各学科特有的教学知识 ⑩有关阅读及写作的教学知识 ⑪有关数学方面的教学知识 ⑫有关人际沟通、协调合作的知识 ⑬有关教师的法定权利与义务的知识 ⑭有关教学的道德与伦理的知识
格拉斯曼	①学科知识 ②一般教学知识 ③学科教学知识 ④背景知识

除了上表中的观点之外，国内外学者在此基础上还对教师的知识结构进行了多角度的分析，在此不再一一展开分析。从表2-1中可以看出，国外教育家对教师知识的划分，既包含通用性的知识，也包含专业学科的知识；既包含理论知识，也包含大量实践性的知识。

本书在借鉴国内外学者关于教师知识结构划分的基础上，将语文师范生的知识结构划分为通识性知识、学科专业知识、教育理论知识和实践性知识四种类型。其中，每种类型的知识又可细分为多种类型（见表2-2）。语文师范生的知识构成是语文师范生能力素养形成的基础和前提。

表2-2　语文师范生的知识构成一览表

类型	构成	分类	作用
通识性知识	哲学知识	包括国内外哲学基础知识，掌握哲学的一般原理，重点关注教学哲学、科学哲学等	有利于开拓语文师范生的教育视野，提升语文师范生的教育哲学素养，启迪语文师范生的教育智慧
	自然科学知识	包括科学常识、现代自然科学的基本知识及其研究方法、最新研究方向和成果等	有利于语文师范生树立辩证唯物主义世界观
	社会科学知识	包括政治学、经济学、社会学、法学、历史学、管理学等	有利于语文师范生理性、科学地认识教育的本质，明确教育在现代社会中的职能，同时有利于语文师范生知法、守法、用法，并提升自身的综合素养
学科专业知识	语文基础知识	包括语文学科体系的基本理论、基本规律、基本概念、基本技能、基本资料、基本工具等	是语文师范生未来成为语文教师后教学质量的保障和教学创新的基础
	语文学科前沿知识	包括语文学科专业的发展前景、语文教育教学新理念和新方法等	有利于语文师范生走上教师岗位后进行教学实践和教学创新
	语文学科教学知识	包括语文教学的学科内容知识、教学情境知识、教学方法知识、教学评价知识等	有利于语文师范生走上教师岗位后提升教学质量
教育理论知识	教育学基础知识	包括教育基本理论、教育史、教育管理学、教育法学、比较教育、现代教育技术等	有利于语文师范生将专业知识与教育实际工作结合起来，提升语文师范生的教育能力
	心理学基础知识	包括教育心理学、学习心理学、社会心理学、创造心理学等	有利于语文师范生未来走上教师岗位后理解和把握学生的心理，更好地对学生进行引导
	教学论知识	教学论概论、教学目标、教学内容、教学过程、教学方法、教学手段、教学组织形式、教学评价、教学模式等	有利于语文师范生未来走上教师岗位后组织和开展教学实践
实践性知识	教学策略知识	包括语文师范生对语文学科内容、语文学科教学法、教育学等理论知识的理解、把握和运用	有利于语文师范生将语文教学相关的理论知识转化为个人经验，增强语文教学的实效性

续表

类型	构成	分类	作用
实践性知识	教学情境知识	包括语文师范生对教学情境的认知、把握、应对等	有利于语文师范生认识教学情境，并有意识地创建教学情境，应对突发教学状况
	人际知识	包括师生间的人际知识、教师之间的人际知识、教师和家长之间的人际知识等	有利于语文师范生正确认识和把握教学中的人际知识，创建和谐的师生关系、教师关系和家校关系
	自我知识	包括语文师范生对自我概念的把握、自我评估、自我教学效能、自我调节的认知等	有利于语文师范生正确认识自我，树立远大的职业理想，在未来的语文教学中扬长避短，形成独特的教学风格

（三）语文师范生的能力

语文师范生的能力是指其未来从事教师职业应当具备的职业能力。语文师范生的能力构成包括教学能力、教育管理能力、教育研究与创新能力。其中，语文师范生教学能力的构成将在下文进行详细阐释，这里不再赘述。

二、语文师范生教学能力的构成

教师能力是指教师从事教师职业应当具备的职业能力。教师构建了广博的知识结构，在提升自身整体知识素养之后，还应具备较强的综合能力，才能更好地胜任教育教学工作。教师能力是由多种单项能力组成的和谐统一的整体，缺少任何一种有机的组成部分，都会对教师教学的质量产生影响。教师能力体系的研究是近现代教育学科的重要内容之一。

教师能力体系研究萌芽于19世纪。20世纪80年代后，伴随全球教育的改革，各国对教育质量越来越重视，一些学者开始对教师能力进行深入研究，并取得了一系列研究成果。进入21世纪以来，我国关于教师能力的研究呈现出系统化、以人为本、以教师专业发展为主的特点。

根据教师能力的功能和适用范围的不同，可以将教师能力划分为基础能力、教育能力、教师的班级管理能力、教师的教学能力以及教师的自我完善和发展能力五个方面。

教师在教学中需要应用各种教学技能。中西方学者根据不同分类标准对教师的教学技能进行了细分，下面仅对具有代表性的教师教学技能的观点进行介绍（见表2-3）。

表2-3 教师教学技能分类一览表

	类型	技能	提出者
国外教学技能研究	六种技能（侧重课堂教学技能）	1. 变化的技能 2. 导入的技能 3. 强化的技能 4. 提问的技能 5. 例证的技能 6. 说明的技能	英国微格教学工作者特罗特
	五组技能	1. 强化技能、低级提问技能、变化的技能 2. 讲解技能、导入和结束的技能、高级提问技能 3. 课堂管理和纪律控制技能 4. 讨论指导技能、小组教学技能、个别化教学技能 5. 掌握学习教学的技能，培养学生创造技能和发展学生思维技能的技能	澳大利亚悉尼大学
	九种技能（侧重课堂教学技能）	1. 导入技能 2. 展开技能 3. 变化技能 4. 总结技能 5. 例证技能 6. 确认技能 7. 演示技能 8. 板书技能 9. 提问技能	日本微格教育工作者
国内教学技能研究	14种技能	1. 刺激多样化 2. 导入 3. 总结 4. 非语言性启发 5. 强调学生参与 6. 流畅提问 7. 探索性提问 8. 高水平提问 9. 分散性提问 10. 确认和辨析专注行为 11. 图解的范例应用 12. 运用材料 13 有计划的重复 14. 交流的完整性	美国斯坦福大学艾伦和瑞安

续　表

类型		技能	提出者
国内教学技能研究	五项基本技能	1. 教学设计 2. 使用教学媒体 3. 课堂教学 4. 组织和指导课外活动 5. 教学研究	《高等师范学校学生的教师职业技能训练大纲》
	两类教学技能	1. 课堂教学的前期准备技能 2. 课堂教学的基本技能	《现代教学基本技能》
	十种教学技能（侧重课堂教学技能）	1. 导入技能 2. 教学语言技能 3. 板书技能 4. 教态变化技能 5. 演示技能 6. 讲解技能 7. 提问技能 8. 反馈强化技能 9. 结束技能 10. 组织教学技能	中国微格教学工作者

本书在国内外学者对教师教学技能研究的基础上，将教师教学能力细分为三大类，即基本教学能力、一般教学能力和教学创新能力。语文师范生作为未来的语文教师，应当学习和掌握专业的教学技能。本书仅以语文师范生为例，对教师的教学技能进行详细分析。

（一）语文师范生的基本教学能力

语文师范生的基本教学能力主要包括朗读能力、听评能力和书写能力。

1. 朗读能力

朗读和吟诵是语文教学中不可缺少的训练内容，也是语文教学中的有效教学手段。朗读是学习和练习普通话语音的重要方法，对培养和提高学生的普通话水平起着极其关键的作用。朗读也是培养学习者说话能力和写作能力的有效方法。在语文教学中，教师通过声情并茂的朗读可以吸引学生的注意力，激发学生的学习兴趣，帮助学生加深对课文的理解，提升学生的审美能力和写作能力。

朗读在语文教学中的应用十分广泛，是语文教学中经常使用的教学手段之一。语文教师在朗读过程中既要保证发音准确、吐字清楚无误，也要注意朗读的速度、语调和节奏，在朗读过程中准确表情达意，唤起学生的内心视象，将文章中的文字形象转化为听觉形象，从而使学生受到较强的感染和陶冶。

语文师范生作为未来的语文教师，承担着普及和传播汉语言文字和汉语言文学的重要作用。因此，语文师范生应掌握课文朗读的技巧和具备较高的朗读能力。

2. 听评能力

听评能力是语文师范生应当掌握的基本教学能力之一。语文师范生在教学中不仅要具备"听"的能力，通过"听"来进行判断和学习，还要具备"评"的能力。

语文师范生的听评能力是由语文教师的职能决定的。语文教师在教学过程中，一方面应对学生的朗读、背诵、复述、答问、作文等内容进行听评，对学生的学习效果进行检验；另一方面应该经常听评其他语文教师授课，以实现教师间相互学习、互相提高的目的。

针对两种不同的听评对象，语文师范生应从不同的立场与目的出发，对"听"的效果进行及时、迅速、准确和全面的评价。针对学生学习内容的听评，语文师范生应当在肯定学生的进步和优点的同时，实事求是地指出学生的不足之处，以便达到帮助学生提高认识、克服缺点，鼓励和调动学生学习积极性的目的。而针对其他语文教师的听评，则应紧扣听评课的目的，在保证内容准确的基础上，保持诚恳的态度，作出客观真实的评价。值得注意的是，语文师范生的听评能力属于实践能力，必须经过大量实践才能形成和提高。

3. 书写能力

语文师范生的书写能力既包括字体书写的流畅、优美，也包括写作能力。语文师范生的书写是由语文教师的职业标准决定的。自21世纪以来，我国教育部门等提出了一系列关于教师的专业素质要求，其中就包括对教师字体书写技能的要求。

（1）教师的"三笔字"书写技能。语文师范生"三笔字"书写的相关政策见表2-4。

表2-4 语文师范生"三笔字"政策一览表

年份	政策	要求
2000年	《中华人民共和国国家通用语言文字法》	学校及其他教育机构通过汉语言课程教授普通话和规范汉字

续　表

年份	政策	要求
2010年	《关于开展规范汉字书写教育特色学校建设的通知》	高度重视教师规范汉字书写基本功训练，对全校教师进行经常性的粉笔、钢笔、毛笔的"三笔字"书写培训
2011年	《教育部关于大力推进教师教育课程改革的意见》	加强教师教育职业基本技能训练，其中包含教师的"三笔字"书写
2012年	《幼儿园教师专业标准（试行）》《小学教师专业标准（试行）》《中学教师专业标准（试行）》	规范书写钢笔字、粉笔字、毛笔字
2013年	《中小学书法教育指导纲要》	发挥教师的示范作用，各科教师都要在板书、作业批改和日常书写中发挥表率作用，成为学生认真书写的榜样
2017年	《中小学幼儿园教师培训课程指导标准（义务教育语文学科教学）》	其中包括不同学段的硬笔书写、毛笔字临摹、粉笔字书写的具体要求
2018年	《中共中央　国务院关于全面深化新时代教师队伍建设改革的意见》	根据基础教育改革发展需要，以实践为导向，优化教师教育课程体系，强化钢笔字、毛笔字、粉笔字的"三笔字"和普通话的教学基本功和教学技能训练

（2）教师的写作技能。语文教师在工作中，除了备教案，还要在教学中指导学生写作文；除了给学生写作评语之外，还要撰写大量的教学科研成果，这些均要求语文教师具备较高的写作技能。教案和科研成果文章的写作，可以促进语文教师进行教学反思，进而形成以写促教、以写促读、以写促思、以写促写的良性循环，促进语文教师不断成长和发展。

语文师范生作为未来的语文教师，应当不断提升"三笔字"书写技能和写作技能，锻炼写作能力。唯有如此，才能提升语文教师的素养，成长为一名合格的语文教师。

（二）语文师范生教学的一般能力

语文师范生教学的一般能力包括语文师范生备课的能力、组织课堂教学的能力以及进行教学评价的能力。

1.语文师范生备课的能力

语文师范生的备课能力是其教学能力的重要构成部分，也是语文师范生必须掌握的教学技能。备课，包括备课标、备教材、备教具、备学生、备教法、备板书、备作业、备预设。详情参见表2-5。

表2-5 语文师范生备课内容一览表

项目	目标	注意事项
备课标	按照新课程标准所规定的目标和提示的原则、方法，将新课程标准精神贯彻到每一节课	根据教育部最新印发的义务教育课程方案和课程标准进行备课
备教材	掌握教材的全部内容和组织结构，明确教材中的基本理论、基本知识、基本技能，关注教材的思想性、科学性、系统性，抓住教材的重点、难点和疑点，对教材进行科学合理的再排序和整合，创造性地使用教材	结合我国教育部门、国家教材委员会印发的最新中小学教材管理办法和教材规划，对具体课程的教材进行备课
备教具	在正式上课前，应当明确上课时所使用的教具，并且准备适合的教具	结合课程内容和所在学校的教具资源选择合适的教具
备学生	充分了解学生的认知水平、知识掌握程度，坚持因材因人施教原则，使教学内容切合学生实际，有的放矢，为学生自学与合作探究、自主高效学习创造条件	在了解学生学情的同时，了解学生的智力和非智力因素
备教法	根据学生的学情和教材、教学目标确定具体的教学方法	可以采用单一教学方法，也可以多种教学方法交替使用
备板书	在对教材进行深入分析的基础上，梳理教学重难点，并且通过简洁明了的文字或图形将课程内容展现在黑板上，以便于学生理解和记忆	板书设计应言简意赅，为教学内容服务
备作业	在充分了解教学目标、教学重难点的基础上，围绕知识点精心设计作业内容，以达到巩固课堂知识的效果	作业应数量适当、难易适度、题型丰富，符合学生的认知规律
备预设	课堂教学具有一定的复杂性，在教学过程中应对可能出现的状况进行充分的预设，以便更好地把握课堂教学过程	从教学内容、学生等出发，预设可能出现的教学状况，并且做好备案

从表2-5中可以看出，语文师范生的备课过程是对语文师范生各项能力的综合考查。在这一过程中，语文师范生应当具备较强的驾驭和解读课本的能

力、吸收融合的能力以及进行课堂教学设计的能力。

（1）驾驭和解读课本的能力。其一，理解课程标准的能力。我国教育部有关部门为了帮助中小学教师精准把握教学目标，通常在教材上标明了课程的性质、目标和内容框架，并且对课程教学提出了建议。语文师范生在进行语文教学时，应通过研读教材，充分理解语文课程和中国传统文化课程的教学标准。唯有如此，才能结合课程标准更好地理解教材和把握教材的重点与难点，在组织课堂教学和进行教学评价时有的放矢。其二，钻研教材、解读文本的能力。中小学语文教材的整体篇目编排、单元篇目编排均具有一定的规律性，与中小学生各个阶段的认知规律息息相关。语文师范生只有具备钻研教材和解读文本的能力，才能深入理解教材，并在此基础上寻找合适的教学方法，带领学生深入、透彻地解读文本，引导学生理解教材的内容，掌握其中的知识点。

（2）吸收融合的能力。语文教材按照一定的顺序或原则进行编排，教材中所选用的文章具有较强的代表性，每篇教材组织之间具有较强的灵活性，并非缺一不可。语文是一门综合性学科，任何课文中均可能涉及汉字文化、天文知识、哲学文化、地理知识、历史和政治知识等多样化的知识内容。面对这些复杂而丰富的知识，语文师范生在有限的教学时长中不可能面面俱到。因此，语文师范生在解读教材时，还应具备较强的吸收和融合的能力。

在实际备课中，语文师范生需要对教材中涉及的各种知识点进行整合，吸收和融合所有的知识点，并且从中找出与教学目标相关的知识点作为重点知识；同时从学生的认知阶段和认知规律出发，对知识点的难易程度进行划分。在此基础上进行教学设计，才能更好地引导学生透过单篇文章理解和掌握其中涉及的多元化知识。

（3）进行课堂教学设计的能力。语文师范生的课堂教学设计的能力具体可细分为教学目标的设计能力、教学内容的设计能力和教学过程的设计能力。

其一，教学目标的设计能力。语文师范生在进行教学设计时，应结合教学总目标、单元教学目标和具体篇章教学目标，根据学生的具体学情进行教学设计。在进行教学设计时，一方面应关注学生的智力发展目标；另一方面应关注学生的非智力发展目标，引导学生体会课文的语言美、逻辑美、文化精神美等。为了实现这一教学目标，教师在对具体教材篇目进行教学设计时，往往会将教学目标分成多个层次，有时需要多个教学活动，才能达成教学目标。

其二，教学内容的设计能力。确定了教学目标之后，语文师范生需要对教学内容进行设计。根据教学目标，对教学内容进行层次和梯度的划分，引导学生循序渐进地达成教学目标。以人教版高中语文教材《念奴娇·赤壁怀古》

为例。这篇古诗文创作的教学目标涉及苏轼的生平和创作风格以及古典诗词的写作特色、写作语言、中心思想等。语文教师在教学时应结合大多数学生的认知基础和认知规律，对该篇目的教学内容进行分层设计，根据先易后难的顺序，逐层实现教学目标。

其三，教学过程的设计能力。教学过程的设计即教学活动开展的过程的设计。语文师范生进行教学过程的设计时，应通过导入语设计、课文展开设计、课文知识点、重点和难点的总结设计、问题设计等逐步实现教学目标。除此之外，语文师范生还应预估课堂上的突发状况并进行设计。

语文师范生的教学过程设计能力的高低直接关系到能否创设良好的教学情境，以及课堂教学实践能否落实，教学目标能否实现。语文师范生只有具备较强的教学过程设计能力，才能不断提高教学效果。

2. 语文师范生组织课堂教学的能力

课堂教学的组织实践是达成教学目标不可缺少的环节。课堂教学实施之前的活动均属于准备活动，为课堂教学的实施服务。课堂教学的组织和实施能力是语文教师的必备技能之一，语文师范生作为准中小学语文教师，理应具备组织课堂教学的能力。

课堂教学的过程是教师和学生的互动过程，课堂教学并非教师照本宣科，而是需要教师在教学中通过对学生的引导，激发学生的学习兴趣、学习欲望和学习积极性、主动性的过程。在这一过程中，语文师范生组织课堂教学的能力又可细分为创设教学情境的能力、选择适当教学方法的能力、把控课堂节奏的能力以及较强的教学应变能力。

（1）创设教学情境的能力。语文师范生在组织教学活动时，应通过导入语、提问等各种教学辅助措施创设有效的课堂情境，从而激发学生的学习兴趣，营造良好的教学氛围。教师创设教学情境的能力具体又可细化为激发学生兴趣的技能、促进学生迁移的技能、举例和设疑的技能、教师与学生进行沟通的技能等多项技能。

（2）选择适当教学方法的能力。教学有法，教无定法。语文师范生在组织课堂教学活动时，应选择适合的教学方法。教学方法并不存在优劣之分，只要适合学生的认知特点，能够激发学生的学习兴趣，达到良好的教育效果即可。

（3）把控课堂节奏的能力。教学过程是教师引导学生进行的一项知识认知活动，也是一项情感性较强的活动。在教学过程中，语文师范生应具备较强的课堂节奏的把控能力，通过张弛有度的课堂控制，对学生的情绪进行调动，不能让课堂氛围过于呆板而缺乏生气，抑制学生的学习积极性；反之，也不能使课堂氛围过于活跃而变得散漫，导致教师无法完成教学进度。良好的课堂节奏应当张弛有度，确保学生保持较为积极和活跃的状态，达成教学目标的同时，提升学生的综合素质。

（4）较强的教学应变能力。教学实践过程是教师与学生互动的过程，而非教师照本宣科的独角戏。在教与学的互动过程中，无论教师在组织教学活动之前做的准备工作如何，在教学实践中往往会出现各种突发状况。例如，根据教师已经制订好的教学计划，一节课需要讲解3个知识点。然而在组织教学活动中，教师可能发现学生无法理解其中的某个知识点，从而不得不在该知识点上花费大量时间。一旦出现这种状况，就有可能会打乱课堂教学的节奏，无法完成教学目标。对此，语文师范生需要具备较强的教学应变能力，才能有效应对各种突发的教学状况，并引导学生完成教学计划，保障教学效果。值得注意的是，教学应变能力只有在教学实践中才能培养。

3.语文师范生进行教学评价和反馈的能力

教师除具备组织课堂内外教学活动的能力之外，还应具备较强的教学评价和反馈能力。语文师范生的教学评价和反馈能力包括语文师范生对自身和他人的教学进行评价的能力、组织教学检测的能力、收集学生教学反馈的能力。语文师范生的教学评价和反馈能力不仅能够提升语文师范生的教学效果，还能提高学生的学习效率。

（三）语文师范生教学的创新能力

语文师范生教学的创新能力包括语文师范生创新教学理念的能力、创新教学方法的能力、创新教学手段的能力。

1.语文师范生创新教学理念的能力

教学理念是对教师的教与学生的学等一系列人才培养活动的基本想法和意念，是教育理念在教学活动中的反应。[①] 教师的教学活动均需要遵循一定的教学理念，语文教学也是如此。自21世纪以来，伴随着我国基础教育课程改革的深度推进，我国义务教育的教师不断进行教学探索和创新，尤其是通过不断创新教学理念，推动中小学生的全面发展。

语文师范生作为未来的语文教师，应具备较强的创新教学理念的能力，通过创新教学理念，探索更有利于学生学习的教学方式和方法，以达到全面提

---

① 杨帆.两种教学理念比较及其对教师教育改革的意义[D].苏州：苏州大学，2015.

升中小学生素质和能力的目的。

2. 语文师范生创新教学方法的能力

教学方法是教师教学不可或缺的桥梁，也是提高教学质量、培养创新人才的重要途径。教学方法在教学过程中起着极其重要的作用，一般而言，教学的成败在很大程度上取决于教师是否能妥善地选择教学方法。近年来，随着我国基础教育课程改革的深化，许多传统的语文教学方法，不再适用于中小学语文教学，迫切需要语文教师在教学中不断创新教学方法。因此，语文师范生应当具备创新教学方法的能力。

3. 语文师范生创新教学手段的能力

教学手段是师生教学中相互传递信息的工具、媒体或设备。纵观人类的教学手段，大体经历了口头语言、文字和书籍、印刷教材、电子视听设备、多媒体网络技术等五个阶段。

进入21世纪以来，随着互联网通信技术的发展和应用，中小学语文教学手段也日益先进。数字音像技术、卫星广播电视技术、多媒体计算机技术和人工智能技术、交互网络通信技术和虚拟现实仿真技术等现代信息技术被广泛应用到教育领域，极大地推动了教育信息化的发展。语文师范生为了适应现代语文教学的要求，应当提升教育信息化水平，在教学中不断创新教学手段，并且利用新技术创新教育方法，激发学生的学习兴趣，提升教学效果。

第二节　语文师范生教学能力的发展

语文师范生教学能力的发展需要遵循教师发展的规律，本节主要对语文师范生教学能力的发展的影响因素及其特点进行详细分析。

一、语文师范生教学能力发展的影响因素

语文师范生教学能力发展的影响因素可以划分为内部因素和外部因素两个方面。

（一）语文师范生教学能力发展的内部影响因素

1. 语文师范生受师德意识的影响

语文师范生教学能力的发展受其专业理念的影响，如果语文师范生自身的教师专业理念意识不足或师德意识淡薄，不能本着为教学工作服务和为学生

服务的理念，在课前教学准备环节不能进行认真而有效的教学活动准备。在教学中不注重教学内容和教学方法的更新，无法满足学生的学习需求，必然会导致教学能力不高；相反，如果语文师范生具有较强的专业理念和师德意识，在教学活动中认真对待每节课程，认真进行备课，并且在教学中不仅进行知识传授，还进行道德培养，注重教育教学实践，那么语文师范生教学能力必然得到较快发展。

2. 教学能力与语文师范生自身的人际交往有关

语文师范生教学能力的发展可以划分为实习前和实习期间两个阶段，在实习前阶段注重对教育理论知识的培养；在实习期间则注重对其教学实践经验的培养。

教学活动并不能单纯以语文师范生个人的专业水平作为判断标准，还与语文师范生在实习期间的种种表现以及其人际交往有关。一些语文师范生的独立意识较强，崇尚人格独立，不注重人际关系交往，且语文师范生在教学活动之余，往往还需要直面生活上的各种困境。当语文师范生对实习条件不满意，或对实习学校抱有不切实际的期望时，常常由于在工作实际中所造成的心理落差而导致其与其他语文师范生之间的人际交往紧张。语文师范生教学活动通常在实习学校这一特定的环境中产生，一旦语文师范生与实习学校同事之间的人际关系紧张，则会对语文师范生的教学能力产生较大影响。

3. 教学实践活动对语文师范生教学能力发展的影响

在师范生顶岗实习开始前，学生的教学相关知识主要来源只有书本里的理论知识，没有转化成能够指导教学工作的实践性、个体性、缄默性的知识。这个时期的师范生对这些知识要素的把握常常停留在表面的、抽象的层面，没有深入地把这些知识的本质融会贯通，而且也没有具体的实践经验作支撑，自然很难提高教学监控能力和教学效率。

在实习期，语文师范生能够在教学实践中提高各种知识要素的储备量，促使各知识要素开始互相渗透和融合，各知识要素交织融合在一起，联系变得更加紧密。此外，在教学实践活动中，师范生能够与优秀的、有经验的教师进行交流学习，直接得到来源于一线教师的实践经验，不仅丰富自身的专业知识，对学科的理解也更加深入，能够更好地指导师范生在具体实践中解决实际问题，推动师范生的教学能力得到全面发展。

（二）语文师范生教学能力发展的外部影响因素

语文师范生教学能力的外部影响因素主要表现在实习学校、师范院校对语文师范生的影响。语文师范生教学能力的发展具有较强的场所性和阶段性特点，语文师范生教学能力发展的外部影响因素大体可以划分为师范院校阶段和实习学校阶段。

在师范院校阶段，师范院校对语文师范生教学能力的重视程度、开设的课程以及对语文师范生教学能力的发展都有着重要影响。

在实习学校阶段，语文师范生作为未来的中小学语文教师，在中小学实习基地展开工作，而中小学实习基地也就是语文师范生的准工作场所。根据工作场所学习理论，教育实习工作场所在教育活动中起着十分重要的作用，实习生在教育实习工作场所即实习学校的学习具有学习和工作的双重性质。一方面，语文师范生在实习学校的实习过程中全程接受语文师范生的指导，从中学习教育实践知识；另一方面，语文师范生在实习学校的实习中承担任课教师和实习班主任的工作职责，这就使得语文师范生在实习学校中的实习具有学习和工作的双重性质。

语文师范生在实习工作中的学习对象是人而非物，语文师范生在实习过程中，既向指导教师学习，也向实习学校的其他任课教师学习；既向学生学习，也向家长学习；既向其他师范实习生学习，也进行自我学习。语文师范生在实习场所的学习往往由师范院校的指导教师和实习学校的指导教师共同指导。此外，实习生在实习学校实习期间，往往还穿插着大学教育。例如，写作教育实践论文，进行教育实践调研。

语文师范生在实习学校的实习活动，需要获得大量外界资源的支持，具体包括师范院校的支持和实习学校的支持，师范院校实习活动的组织者对实习活动的组织、管理力度以及实习学校的指导教师、任课教师、学校管理层、学生家长等的支持。唯有如此，才能推动语文师范生教学能力的发展。

二、语文师范生教学能力发展的特点

（一）语文师范生教学能力发展具有自主性的特点

语文师范生教学能力发展的自主性是指，语文师范生作为独立的个体，具有自我发展的意识和动力，能够自觉自主地通过不断学习、实践、反思、探索，提升自身的教学能力。

语文师范生教学能力的发展与其自身的职业期待、职业态度以及对教学能力的重视程度存在较大关系。如果语文师范生的自主性较强，能够保持较为积极的学习态度，并且在教学理论、知识学习以及教学实践过程中不断反思、探索，则其教学能力发展相对较快；反之，如果语文师范生的教学能力发展自主意识不强，教育教学理论知识不扎实，不能全身心投入教学实践，则该语文师范生的教学能力则不能得到有效提升与发展。

（二）语文师范生教学能力发展具有阶段性和连续性并存的特点

语文师范生的教学能力并非一蹴而就，而是逐渐培养和提升的。从语文师范生的学习生涯来看，语文师范生教学能力发展具有阶段性和连续性并存的特点。

1. 语文师范生的教学能力发展具有阶段性的特点

语文师范生教学能力的培养既包括语文师范生的教育理论知识培养，也包括教育实践培养。由于在高校师范教育中，理论知识教育和实践教育存在一定的阶段性。当语文师范生进行理论知识教育，而未进行实践教育时，其已然具备了一定的教学能力。而在教育实践阶段，语文师范生的教学能力会呈现较大提升。因此，从语文师范生的教学阶段来看，语文师范生的教学能力发展存在阶段性的特点。

2. 语文师范生的教学能力发展具有连续性的特点

语文师范生在长时间的实践教学中，可以将所学的理论知识转化为自身的经验，并通过不断反思与创新、探索，语文师范生的教学能力在一定时间内呈现出持续发展的特点。

从语文师范生教学能力发展的阶段性和连续性来看，语文师范生教学能力的发展处于循序渐进的状态，贯穿于语文师范生的理论和实践学习的生涯。

（三）语文师范生教学能力发展具有环境性和情境性的特点

1. 语文师范生教学能力提升与发展的环境性特点

语文师范生教学能力提升和发展的环境性是指语文师范生教学能力的发展与其所在的外在师范学校环境和实习学校环境之间存在较为紧密的联系。如果语文师范生所在的师范学校的学习氛围良好，即为语文师范生教学能力的提高创设良好的教学环境。例如，师范院校经常举行师范生教学评比大赛、师范生说课比赛等。这样可以在校园营造良好的氛围，有利于师范生积极主动学习教学的相关知识，从而有利于提升语文师范生的教学能力。

此外，如果语文师范生在实习学校进行实践教学期间，能够得到良好的教学实践指导，则有利于提升语文师范生的教学能力。反之，如果语文师范生所在的师范学校和实习学校不能为语文师范生创设良好的学习环境，则语文师范生的教学能力发展则相对缓慢。

2.语文师范生教学能力提升与发展的情境性特点

语文师范生教学能力的大幅度提升，必须在特定实践场景中才能实现。教学活动具有较强的实践性特点，语文师范生只有在具备充足理论知识的基础上进行大量实践才能获得专业提升，否则仅仅具有大量专业理论知识而不进行教学实践，语文师范生无法对已获得的教学理论进行实践和反思，更无法进行教学反思和创新，从而无法促进教学能力的发展。

教学情境十分复杂，充满变化，教师与学生之间的合作与交流，与同事之间以及与家长之间的合作，均使教师处于一种合作关系中，只有不断在实践经验中进行协调，才能建立良好的相互合作的文化，从而促进语文师范生不断积累教学经验，促进语文师范生教学能力的发展与提升。

（四）语文师范生教学能力发展具有实践性的特点

语文师范生的教育理论知识必须应用于教学实践中，并且在教学实践中经过检验才能真正被语文师范生所吸收，也才能真正提高语文师范生的教学能力。在教学实践中，语文师范生的备课能力、教学设计能力、观察能力、判断能力、教学活动的组织能力、评价能力，以及认知能力、技能技巧、情感交流与互动等各方面的能力才能获得发展与提升。由此可见，语文师范生教学能力发展具有较强的实践性特点。

语文师范生教学能力发展的实践性特点要求语文师范生在教学中，应当为语文师范生提供大量的实践机会。例如，顶岗教育实习让语文师范生在长期的教学实践中不断提升教学能力，成长为一名合格的语文教师。

第三节 语文师范生教学能力的培养策略

语文师范生教学能力与教育教学理论知识、实践经验之间存在密切联系。语文师范生教学能力的培养应从以下几个方面着手。

一、明确语文师范生教学能力培养方案

语文专业作为整个教育体系中的重要组成部分，语文师范生的教学能力是影响其能否更好承担岗位职责的直接因素。在语文师范生教学能力的培养中，首先应明确语文师范生教学能力培养方案。

师范院校作为语文师范生的培养学校，应充分重视语文师范生教学能力的培养，从未来语文教师职业发展的角度制订语文师范生教学能力培养方案。具体来说，可从以下两个方面着手。

（一）紧跟国家相关政策制订语文师范生教学能力培养方案

2021年，教育部印发《小学教育专业师范生教师职业能力标准（试行）》等文件。这些文件中提出师范生教师需具备的四大能力。一是师德践行能力，包括遵守师德规范、涵养教育情怀两个方面。强调知行合一，从知、情、意、行等方面引导师范生贯彻党的教育方针，努力成为"四有"好老师。二是教学实践能力（其中学前教育专业为保育和教育实践能力），主要从掌握专业知识、学会教学设计、实施课程教学（学前教育专业为开展环境创设和游戏活动、实施教育活动）等方面，对师范生教育教学实践所需的基本能力提出了细化要求。三是综合育人能力，主要从开展班级指导、实施课程育人、组织活动育人等方面强调教育"育人为本"的本质要求，落实立德树人的根本任务。四是自主发展能力，从注重专业成长、主动交流合作两方面，突出终身学习、自主发展，以及在学习共同体中不断提升专业水平的意识和能力。师范院校在制订语文师范生教学能力培养方案时，应以此作为参考，合理统筹所开设的课程和课程方式。

（二）结合语文教师职业发展方向制订语文师范生教学能力培养方案

语文教师作为一种以人育人的职业，要求语文教师具备专业知识，包括教育学知识、心理学知识、语文学科知识、实践知识等，以及具有较强的教学能力。师范院校可以据此作为依据，结合中国特色社会主义语文教师职业发展的需求，制订语文师范生教学能力培养方案。

二、增强语文师范生专业理论和教育理论课程

师范院校所培养的语文师范生主要侧重掌握小学语文教育专业基本理论、基础知识、基本技能以及小学语文教育教学的基本方法，具备较强的教学能力、科研能力、实践能力和创新能力，能够在小学从事语文教育工作及其他教育工作，要求其具有丰富的语文知识和教育理论知识。

一般而言，师范院校开设有语文课程与教学法、现代汉语、基础写作、古代文学、中国现当代文学、古代汉语、文学概论、外国文学、儿童文学、教

育学、心理学等课程，这些课程有利于培养和提升语文师范生专业理论和教育理论水平。

三、强化语文师范生实践教学环节

教学是一种实践活动，语文师范生教学能力的发展必须经过实践才能达成。因此，语文师范生教学能力的发展必须通过强化语文师范生实践教学环节来实现。

我国大多师范院校实行"双导师制"，由师范院校的指导教师和实习学校的指导教师共同对实习生进行实习指导。两类指导教师在实习活动中所起的作用并不相同。其中，师范院校指导教师通常对实习生进行教育理论指导，并在实习生教学期间进行课堂教学检查和评价。而实习学校指导教师则对实习生的实习过程起着为实习生提供教学实践的机会，帮助实习生改进教学，向实习生传授教学经验或班级管理经验，帮助实习生解决工作过程中遇到的各种问题或困难，参与实习生教育实习成绩评定，向师范院校负责人或师范院校指导教师提供实习生实习工作情况反馈的作用。由此可见，指导教师在语文师范生实习生实习期间起着十分重要的作用。

（一）提高实习指导教师的水平

在语文师范生实习期间，实习指导教师指导能力的高低直接决定着语文师范生教学能力的发展质量。一般来说，教育实习指导教师应具备向实习生明确传达教育信息指令的能力、因材施教的能力、结合教学实际对实习生进行有针对性的指导的能力、及时反馈教学效果的能力、对实习生的实习工作进行客观评价的能力、引发实习生在教学实践中进行反思的能力、指导实习生掌握教学技巧的能力等。只有提高实习指导教师的水平，才能推动语文师范生教学能力的发展。

（二）提高实习指导教师的责任意识

实习指导教师的责任意识是推动语文师范生教学能力发展的关键。一般来说，中小学语文教师通常肩负着较重的教学压力，如果实习指导教师的责任意识较弱，在日常繁重的教学任务之余，很难对实习教师进行细致入微的指导，从而影响语文师范生教学能力的发展。除此之外，一些实习学校的指导教师由于思想较为保守，很难接受新的教育理念，因此在教育教学中仍然坚持使用多年前的教育理念，这些均会对语文师范生教学能力的发展产生较大影响。

（三）提升语文师范生的自我发展意识

语文师范生作为实习活动的主角，对教育实习的态度直接决定着实习质量的高低。语文师范生对教育实习的期待值较高，对实习抱有积极态度，并且在实习活动开始之前进行全面的职业规划，明确自身的长处与不足，制定清晰的实习目标，即可在教育实习中有针对性地了解这些信息，并且有针对性地提升自身的学识和经验。因此，当语文师范生持有积极态度，在实习过程中遇到问题或困难时能够积极寻求解决问题的方法，能够推动自身教学能力快速提升。

综上所述，语文师范生教学能力的发展具有极其独特的特点，需要师范院校、实习学校以及语文师范生自身共同努力，才能全面推动语文师范生教学能力的发展。

第三章　语文师范生协同育人模式研究

第一节　语文师范生协同育人模式概述

协同育人模式是师范院校实现教师职业教育培养目标，增强师范生综合能力的创新模式，是师范教育教学的核心内容之一。本节主要对语文师范生协同育人模式的概况以及顶岗实习支教的概念、意义进行详细分析。

师范生教育是一种应用性较强的教育。除了课堂理论教学之外，语文师范生往往还需要进行实践学习，即教育实习。只有借助教育实习，语文师范生才能将所学的教育理论知识转化为自身的经验。中华人民共和国成立以来，尤其是在改革开放后，我国教育部等有关部门十分重视师范生的教育实习，并发布了一系列加强师范生教育实习的政策（见表3-1）。

表3-1　我国师范生教育实习政策一览表

年份	政策	要点
1950年	《北京师范大学暂行规程》	本科各系实习参观为教学的组成部分，约占总时数的15%
1952年	《关于高等师范学校的规定（草案）》	参观与实习为师范学院、师范专科学校各科系教学计划中的重要组成部分，分为平时参观、见习与定期集中参观等
	《师范学院教学计划（草案）》	对本科生的实习时间进行了明确规定
1957年	《高等师范学校教育实习暂行大纲》《师范学院各系三、四年级教育实习暂行大纲》	对高等师范教育实习目的、实习任务、成绩评定、组织领导等进行了相应规定
1981年	《关于试行高等师范学校文科三个专业教学计划的通知》	强调了教育实习的重要性，并对师范生教育实习的时间和内容进行了规定
1988年	《二年制师范专科学校八个专业教学计划》	规定教育实习时间为6周，应安排在第4个学期进行
1995年	《关于试行"高等师范专科教育二、三年制教学方案"的通知》	将高等师范专科学校的课程结构划分为公共课程、学科课程、教育课程、特设课程、实践课程和活动过程六个模块，强调教育实践包括教育实习、见习和学科专业实习

续表

年份	政策	要点
2007年	《教育部关于大力推进师范生实习支教工作的意见》	高师院校要因地制宜地组织高年级师范生到中小学进行不少于一学期的教育实习
2011年	《教育部关于大力推进教师教育课程改革的意见》	支持建立一批教师教育改革创新试验区，建设长期稳定的中小学和幼儿园教育实习基地
2014年	《教育部关于实施卓越教师培养计划的意见》	师范生培养要走出高校"象牙塔"，建立高校与地方政府、中小学"三位一体"的协同培养新机制，在培养目标、课程体系、课程资源、教学团队、实践基地、教学研究及培养质量评价等方面开展全方位协同
2016年	《教育部关于加强师范生教育实践的意见》	积极开展实习支教和置换培训，鼓励引导师范生深入薄弱学校和农村中小学，增强社会责任感和使命感
2017年	《教育部关于大力推进师范生实习支教工作的意见》	各地要将师范生实习支教与加强农村教师队伍建设紧密结合，根据实际需要，创造有利条件，积极安排和接收高师院校师范生到农村学校进行实习支教
2018年	《教育部关于实施卓越教师培养计划2.0的意见》	全面落实高校教师与优秀中小学教师共同指导教育实践的"双导师制"，为师范生提供全方位、及时有效的实践指导
2018年	《教育部等五部门关于印发〈教师教育振兴行动计划（2018—2022年）〉的通知》	推进乡村教师到城镇学校跟岗学习，鼓励引导师范生到乡村学校进行教育实践

从表3-1中可以看出，我国的师范生教育十分注重教育实习，并明确了高校与中小学合作，协同培养师范生教育实践能力的方法。在我国教育政策的支持和鼓励下，我国师范院校积极探索协同育人教育实习模式，现已提出和构建了多种教育实习模式。

一、顶岗实习支教模式

顶岗实习支教模式，是我国较早出现的协同育人模式之一，关于顶岗实习支教模式，将在下文进行详细分析，这里不再赘述。

二、混合编队教育实习模式

混合编队教育实习模式是华南师范大学于1999年提出和实践的教育实习模式。混合编队教育实习模式打破了我国传统实习教育中师范生集中到指定学校实习或者到师范生生源地实习的方式,而是由师范院校若干个系的实习生组成一支18人左右规模的实习队,到一所中等学校实习,并完全委托该校对这些实习生进行全面指导的实习方式。

混合编队教育实习模式,倡导"走出去"的精神,追求杂交、互补、共同发展的实习目标。混合编队教育实习模式具有以下特点:

(1)混合编队教育实习模式全权委托实习学校对实习生进行指导,师范院校不再派出专门的实习指导教师带队。从理论上看,这种模式有利于充分节约和利用教育资源,发挥实习学校教师对实习生指导的积极性和主动性。

(2)混合编队教育实习模式不再采用同一个系或同一个班的数十名学生共同派往一个实习学校的模式,而是将每个系的实习生控制在2~4人,采取多系组队前往一个实习学校实习的方式。这种教育实习模式,在理论上有利于实习学校进行实习安排,从客观上也增加了每位实习生的实践次数。此外,由于实习生来自不同院系和专业,按照一定比例搭配,可以促使学生知识互补,相互促进。

尽管混合编队教育实习模式的实习思路具有较强的创新性,然而师范生教育实习活动仍存在较大的复杂性。混合编队教育实习模式一般依赖实习学校指导教师对实习生进行管理和指导,在一定程度上削弱了实习生的教育指导力量。同院系或同专业的实习生相对较少,在一定程度上也影响了实习生之间的相互交流与配合。

三、协作型教育实习模式

协作型教育实习模式是一种师范院校与市/县中小学共同合作培养师范生的方式。协作型教育实习模式具有以下特点:

(1)协作型教育实习模式打破了师范院校对师范生大包大揽的教育培养方式,倡导协作单位(即中小学)负责师范生的职业技能的培养,将传统的教育实习变为协作培养,高校与协作单位各司其职,共同培养高质量的师范生。

(2)协作型教育实习模式要求师范院校和实习单位共同制定合理而详细的师范生培养计划,让学生在师范院校学习教育理论知识的同时,了解作为教师所必备的教育职业技能，逐渐完成从师范人民教师的蜕变。

协作型教育实习模式在一定程度上解决了师范生实践场所资源的问题，为师范生提供了稳定的实践场所，同时又赋予协作单位一定的培养师范生的责任，激发了协作单位的积极性。然而，协作型教育实习模式仍存在师范实习生管理不到位、专业知识不扎实、实习时间和频次过高等问题，有待进一步完善。

四、委托教育实习模式

委托教育实习模式是指师范院校出于师资紧张、缓解师范院校实习压力等原因，无法抽出足够的实习指导教师对实习师范生进行实习指导时，全权委托中小学相关教师对到该校实习的师范生进行全方位指导，对师范实习生进行委托式管理和培训的模式。委托教育实习模式具有以下意义：

（1）委托教育实习模式在一定程度上起到了节约师范院校教育资源的作用，客观上避免了由于教师带队实习而打乱该校正常教学秩序，造成教学与实习脱节的现象。

（2）委托教育实习模式能够提高师范生教育实习评价的客观性，有利于提升师范生教育实习工作的创新。

（3）委托教育实习模式有利于师范院校学生更加深刻地了解基层教育的客观环境，了解学生的需求，以及了解作为一名基层人民教师应该具备怎样的素质与能力。

委托教育实习模式根据实习指导教师的权限，还可细分为全方位委托教育实习模式和部分委托教育实习模式。其中，部分委托教育实习模式采用双指导教师制。师范院校派遣实习带队教师，而协作单位则指定教学实习指导教师。其中，实习带队教师不参与实习师范生具体的教学实习指导工作，而是负责实习师范生的管理；而协作单位的实习指导教师则全权负责实习师范生的实习指导。这种模式既有利于对实习的师范生进行有效管理，又能使顶岗实习的师范生直接学习一线基层教师的教学经验。

五、分阶段教育实习模式

分阶段教育实习模式具体可分为三阶段教育实习模式和四阶段教育实习模式。三阶段教育实习模式，又称分阶段教育实习模式，是由上海师范大学提出并实践的教育实习模式，将师范生的实习模式划分为教育见习、教育实习和教育研习三个阶段。

（一）三阶段教育实习模式

三阶段教育实习模式是从大一开始即进入教育见习阶段，三阶段教育实习贯穿于师范生学习的各个阶段，在客观上延长了师范生的教育实践时间，能够增加师范生的职业体验。

（1）三阶段教育实习模式通过加强实习基地建设，以及与实习基地开展多方合作，在客观上加强了师范院校教师与实习基地教师的相互交流，有利于提升师范生的实习教师指导水平。

（2）三阶段教育实习模式采用实习小组模式，原则上，实习小组由4～6人组成，倡导朋辈教育；教育实习过程实行全程记录，并且将师范院校的教师评价与实习带队指导工作结合起来，有利于提高师范生的积极性。

（3）三阶段教育实习模式通过师范院校青年教师实岗挂职、聘请退休教师担任实习指导教师以及聘请区县教研员组建专业的专家指导委员会等方式健全实习指导队伍提升师范生的实习指导教师队伍的水平。

上海师范大学的三阶段教育实习模式将师范院校和协同单位的职能进行了较好匹配，为师范生的不同实习阶段明确目标和评价体系，有利于提升师范生实习的质量。

（二）四阶段教育实习模式

除了上海师范大学的三阶段教育实习模式外，温州师范学院实行四阶段教育实习模式，将师范生的教育实习划分为教育见习、模拟实习、暑期教育实习、毕业教育实习四个阶段。这种四阶段教育实习模式有利于延长师范生实习的时间，提高了教育实习的效果。

六、三段式教育实习模式

三段式教育实习模式包括认识性实习、试验性实习和毕业实习三个阶段。师范生在不同实习阶段的实习任务和实习方式均不同。

（1）认识性实习阶段从大一的第一学期开始，其目的是使师范生了解教师职业的特点，并初步感受课堂氛围，培养师范生在今后的学习中有意识地进行教育理论和教学技巧的学习。其实习内容主要包括：教育理论学习、备课、编写教案学习、试讲基本功训练等，而且还利用课余时间组织师范生到师范院校的附属中小学或幼儿园等地进行短时间的课堂教学实践。认识性实习阶段结束后，再组织学生对所学内容进行座谈和讨论，对师范生进行技巧性指导。

（2）试验性实习阶段在大二的第二学期，其目的是让师范生通过实习认识自身的不足，从而建立教育理性思维，这样可以初步培养学生的教研能力。其学习内容主要包括教案编写、校内试讲、教师评价、指正和学生互评等。

（3）毕业实习在师范生的毕业学年进行，其目的是综合培养师范生的教育能力，帮助师范生尽快适应教师岗位和教学环境，进而成为一名合格的人民教师。其学习内容包括各个方面，如通过集中实习的方式让师范生了解、熟悉并掌握教学的各个环节以及各种教学方法。

七、全过程教育实习模式

全过程教育实习模式的特点在于师范生自入学开始即被发放一套与本专业对口的幼儿园、小学或中学教材。师范生在学习专业理论课程的同时，会在实习指导小组教师的指导下，每周进行固定课时的教学实践与模拟训练，全过程教育实习模式还将教学实践课程纳入师范生课程教学规划。此外，寒暑假期间，实习指导小组则组织师范生到中小学和幼儿园进行教育实习活动。这种全程教育实习模式打破了我国传统的师范生在实习过程中仅在最后一学期或最后一学年进行实习的方式，而代之以自师范生入学至毕业的全过程都安排实习课程和实习实践活动的方式。通过这种方式，可以让师范生更好地将所学教育理论知识与实践知识结合，还让师范生更加深入地了解了中小学和幼儿园的教学特点，为师范生毕业后顺利融入教师工作中打下了基础。

第二节 顶岗实习支教模式

一、顶岗实习与顶岗实习支教

顶岗实习是师范院校与社会教育资源协同育人的一种典型模式，这种教育实习模式与传统教育实习相比，极大地增加了师范生走上讲台的机会，同时在一定程度上延长了实习时间。顶岗实习模式可细分为三种类型，即置换培训、顶岗实习支教、就业顶岗实习支教。

置换培训，即师范院校的师范生到中小学或幼儿园顶替原有教师的教学岗位，全程担负起该岗位的职责，包括备课、上课、教研、组织学生活动等，而被换出的教师则利用此机会参加在岗脱产或半脱产培训，以提高个人的综合素质水平。

顶岗实习支教，师范生到农村、偏远地区等师资力量相对不足的地区进行支教，在实习的同时，为这些地区的基础教育服务。

就业顶岗实习支教，师范生以准教师的身份到教学岗位上工作，以这种实岗任教的方式实现实践与就业的结合。

除了以上三种典型的顶岗实习模式之外，21世纪以来，我国师范院校实行的顶岗实习支教模式将置换培训与顶岗实习支教结合起来，极大地推动了我国顶岗实习支教模式功能的多样化。

综上所述，顶岗实习支教模式与其他实习方式相比更加灵活，既能解决在职教师进修、培训等相关事宜，又能补充我国中西部偏远山区的教育资源。此外，还能让师范生提前了解未来的工作环境，不断提升和完善师范生的职业技能，以便其更加快速地适应未来的教师工作。

二、顶岗实习支教模式的特点

顶岗实习支教模式，是师范院校与中小学协同合作培养师范生的教育实习模式之一。与其他师范生教育实习模式相比，顶岗实习支教模式具有以下特点。

（一）顶岗实习支教模式具有较强的实践应用性

顶岗实习支教模式作为师范专业教育的重要内容和环节，具有"现场性"的特点。以语文师范生为例，语文师范生在高校进行学习的语文专业课程和教育课程均为理论性课程，而顶岗实习支教模式不仅可以对语文师范生所学知识进行考察，还可以检验语文师范生的知识运用能力。此外，顶岗实习支教模式将语文师范生置于真实的教学环境中，让语文师范生将专业理论知识和教育教学实践融为一体。语文师范生长时间处于真实的教学环境中，通过与学生、实习学校教师以及家长之间的交流，能够明确教育教学环节，提升自身教育教学中的应变能力。在顶岗实习支教模式中，语文师范生承担着真实的教育教学任务。为了完成教育教学任务，实现良好的教育教学效果，语文师范生必须通过主动观察、主动思考的方式，充分发挥自身的主观能动性，迅速提升和培养自身的综合能力。

（二）顶岗实习支教模式具有鲜明的职业性

在顶岗实习支教模式中，师范生以准员工或正式员工的身份到岗，履行特定的岗位职责。而师范生所在的实习学校也按照该岗位的职业特性和职责对师范生进行管理。因此，师范生必须按照教师的职业习性和职位要求开展实习工作。以语文师范生为例，语文师范生在顶岗实习支教中承担着所在班级语文教师甚至班主任的职责。在顶岗实习支教期间，语文师范生必须严格承担该校正式语文教师的工作职责，按照相应的教学计划进行语文教学，开展语文教研活动，并且在月末或期末对学生的学习状况进行考核。除此之外，语文师范生还应密切关注学生的学习状态和学习效果，通过与学生的交流，建立和谐的师生关系，及时调整教学方式方法，从而达到提升学生学习效果的目的。

在顶岗实习支教的过程中，语文师范生承担着语文教师的职责，同样也享受语文教师应当享有的待遇或权益。经过长达数个月的顶岗实习支教，语文师范生一般具备语文教师基本的职业特性，能够胜任和担当语文教师的岗位和职责。

（三）顶岗实习支教模式具有独特的教学性

顶岗实习支教模式是师范教学中的专业实践教学阶段，其本质属于综合性的教学实践活动。由于在顶岗实习支教过程中，师范生脱离了原有的教学环境，其身份由单纯的师范生转变为顶岗教师，相应的职责也发生了一定的变化。在师范院校学习时，师范生的主要任务是学习；而在顶岗实习支教阶段，师范生承担着较强的职业责任，其主要任务是教学。除此之外，师范生在顶岗实习支教的专业实践教学阶段，虽然获得了顶岗教师的身份，但其本质身份仍然是学生，因此，师范生在承担教学任务之时，也需要接受师范院校的实习指导教师以及顶岗实习支教学校的原任课教师、指导教师和管理者的指导和帮助。从这一视角来看，师范生在顶岗实习支教过程中，仍然遵循一定的教育教学规律，遵循教学管理的原则和要求。

（四）顶岗实习支教模式强调院、校、地方协同共赢

顶岗实习支教模式作为一种特殊的师范生教育环节，其得以顺利开展并实现既定目标，需要师范院校、顶岗实习支教学校、顶岗实习支教学校所在的地方政府教育主管部门，以及顶岗实习支教学校学生和家长等不同组织和群体的相互协作。唯有如此，才能实现院、校、地方多方协同共赢；否则，顶岗实习支教的效果则无法进行。

以语文师范生顶岗实习支教为例，语文师范生作为掌握着一定专业理论知识和教育理论知识的专业人才，已经具备了准语文教师的基本素养。在顶岗实习支教中，语文师范生走出校门，到实习学校进行顶岗实习支教，既可以弥

补实习学校语文教师的不足或创新乏力的客观状况，又为实习学校带去足够的师资和前沿教育理论知识。此外，还可通过置换教学的方法，为原岗位上的语文教师赢得专业提升的时间和机遇，既可以壮大实习学校的师资队伍，又可以提升实习学校的师资队伍水平。实习学校的师资队伍素质的提升，有利于其所在地区教育水平的提升，从而形成两者协同共赢的局面。

（五）顶岗实习支教模式强调创新性

教育教学活动是以学生、教师作为主体的一种特殊活动，而教育教学活动的本质属于人才培养模式。人才培养模式并非一成不变的，而是具有多样性的特点。不同师范院校或不同专业，可以根据专业特点探索和创新顶岗实习支教模式，从而不断丰富顶岗实习支教的类型，提升顶岗实习支教的效果。

三、语文师范生顶岗实习支教的意义

顶岗实习支教作为高校的一种人才协同培养的方法，对师范生的学习和成长，协同育人的各组织机构以及我国师范生教育改革均具有极其重要的意义。本书以语文师范生的顶岗实习支教为例，对其意义进行详细说明。

（一）语文师范生顶岗实习支教能够提升自身的综合素质

教师职业是一种实践能力较强的职业，语文师范生在师范院校可以学习大量的语文学科基础理论知识和教育教学的基本知识和技能。由于教育活动是一项极其复杂的实践活动，所以其具有较强的情境性和实践性。一方面，语文教师与学生之间的合作与交流，与同事之间或家长之间的合作，均具有较强的情境性。只有将语文师范生置于特定的情境中，语文师范生才能充分利用所学知识构建良好的师生关系、同事关系和家校关系；另一方面，语文教师的知识结构由专业理论知识与实践知识构成。专业理论知识和教育理论知识必须经过实践，才能转化为语文师范生自身的语文教育教学能力。只具备理论知识，而缺乏实践知识，语文师范生就无法顺利发展。

顶岗实习支教作为一种实践教育形式，通过赋予语文师范生准语文教师或正式语文教师的角色，为语文师范生提供将其所掌握的理论知识转化为实践经验的平台，从而提升语文师范生的综合素质。具体来说，语文师范生在顶岗实习支教中的综合素质提升主要表现在以下几个方面。

1. 语文师范生的教师专业素养提升

顶岗实习支教为语文师范生提供了一个真实的教学环境，语文师范生在这一真实的教学环境中，通过教育理论与教育实践相结合的方式，不断对教育进行反思。这样不仅能够培养语文师范生的教育反思能力和专业思想、专业伦理、专业自我，还为语文师范生的专业素养发展奠定了坚实基础。

2. 语文师范生的教育教学管理能力提升

在顶岗实习支教过程中，语文师范生处于真实的教育环境之中，需要面对真实的教育环境中的活生生的教育个体。不同的学生的性格、家庭背景、知识结构等均不相同。语文师范实习生只有在真实的教育环境以及特定的情境中，与学生进行深入沟通与交流，了解中学生的认知特点、心理特点、学习规律等，才能真正将所学的专业理论知识和教育理论知识应用到教学活动中，收获教学经验，并且将教学经验转化为自身的专业教育教学管理能力。

除此之外，语文实习生在顶岗实习支教期间，不可避免地要与实习学校的教师和学校管理人员进行接触，通过教师之间的交往，师范生不仅可以从学校专业教师的身上学习优秀的教研能力和教学能力，还能够潜移默化地学习专业教师的教育奉献精神和师德师风。

语文师范生在顶岗实习支教期间，还需要进行家访、召开家长会等活动。在这些活动中，实习生在与家长的交流中，可以深入了解家长对教学的关注，了解学生家长的心理，掌握与学生家长进行交流与沟通的能力，从而提升构建和谐家校关系的能力和人际交往能力。

3. 提升语文师范生的教研能力

语文师范生在实习活动期间，不仅担负着日常语文教学活动的职责，还参与整个年级的教学研究活动。在实习活动中，语文师范生在实习指导教师的指导下，对其他教师的教学研究活动进行观摩、学习，进而提升自身的教育实习能力。

除此之外，教育过程是一个实践性较强的过程。在这一过程中，教师需要将已有的知识和经验应用到具体的教学情境中，并接受实践的检验，对教学实践的结果进行反思，进而对整个教学过程进行反思，从中总结经验和教训，并将这些经验和教训应用到日后的教育教学实践过程中，不断提升语文师范生的教育教学能力。在顶岗实习支教模式下，语文师范生虽然被赋予准语文教师或正式语文教师的角色，但还保留着学生的角色。因此，语文师范生在实习过程中进行教育反思，有利于提升语文师范生的教育反思能力。

4. 提升语文师范生的师德素养

教师作为人才培养的实际践行者和实际执行人，不仅应当具备渊博的知识、较高的专业技能，还应该具备高尚的品德。对于语文师范生来说，顶岗实习支教是培养语文师范生职业道德的良好途径。

在顶岗实习支教中，语文师范生作为准教师或正式教师，需要遵循实习学校的相关规定，注重仪表和风度，保持衣着整洁大方、举止文雅端庄、语言优美文明、教学态度真诚亲切。此外，语文师范生在顶岗实习支教活动中，与实习学校的其他教师一同工作，在相互听课、评课以及参加教研活动的过程中，语文师范生可以真切地观察基层教师的教学态度和教学方法。而实习学校教师热爱教育、乐岗敬业、忠于职守、热爱学生、诲人不倦、严于律己、以身作则、团结协作的精神则会感染语文师范生，引导语文师范生在教学过程中培养良好的师德精神，提升语文师范生的师德素养。

（二）语文师范生顶岗实习支教能够推动我国基础教育改革

基础教育作为我国人才培养的基石，直接关系到我国整体人才质量的高低，关系着国家综合国力的高低和国际竞争力的强弱。改革开放以来，我国基础教育改革取得了显著成效。进入 21 世纪以来，我国基础教育改革不断深化，提出了符合时代发展的人才培养目标。

高校师范教育所培养的人才大多为中小学教师，是未来基础教育师资的重要组成部分。语文师范生作为未来的语文教师，对推动基础教育改革具有重要作用。在顶岗实习支教中，可以将实习目标与我国基础教育改革和发展目标结合起来，在推动我国基础教育改革的同时，全方位提升语文师范生的综合知识能力。

（三）语文师范生顶岗实习支教能够推动我国乡村教育振兴

乡村文明离不开乡村教育振兴。乡村教育是我国基础教育的重要组成部分，直接关系着我国基础教育水平的高低。顶岗实习支教模式在乡村地区的推广和实践，能够为乡村带来大量的教师资源，缓解乡村师资紧张的局面，并提升当地的语文教学水平。除此之外，语文师范生掌握着最新的教育理论知识，将这些教育理论知识应用到教学中，能够促成乡村教师和语文师范生相互学习，进而有利于推动我国乡村基础教育的发展。

综上所述，顶岗实习支教是师范院校落实协同育人理论的一种重要模式，在语文师范生教育教学能力培养中起着极其特殊的作用。

第三节 语文师范生顶岗实习支教模式调查分析

顶岗实习支教,是一种能够将教师职前教育实习和职后教师培训有效结合在一起的师范人才协同培养模式。顶岗实习支教模式自提出以来,即以独特的方式和多方共赢的效果而受到社会的广泛关注。本节主要以语文师范生为例,对顶岗实习支教模式在各师范院校的推行进行调查分析。

一、语文师范生顶岗实习支教模式问卷调查分析

为了了解语文师范生顶岗实习支教的融入情况和专业发展的基本情况,笔者对参与顶岗实习支教的语文师范生进行了"职前教学能力调查"和"适应融入"两个主题的问卷调查。

(一)语文师范生职前教学能力调查

1. 问卷调查的目的

本次调查问卷的主要目的是了解语文师范生职前教育的重要性和必要性,以及语文师范生对职前教学能力培养的要求与期待。

2. 问卷调查的对象

本次问卷调查的对象是江西某师范院校的在校生、往届毕业生和准毕业生,该校语文师范生毕业后大多在小学担任语文教师。江西某师范院校自2011年起,开始组织语文师范生赴农村中小学开展顶岗实习支教,与江西省某些县市的教育部门和实习支教学校建立了良好的协作关系。本调查问卷共发出1000份,其中有效问卷为993份。

语文师范生职前教学能力调查
(以江西某师范院校为对象的职前教学能力调查)

表3-2 第1题 性别 [单选题]

选项	小计	比例
A.男	131	13.19%
B.女	862	86.81%

选项	小计	比例
本题有效填写人次	993	

表3-3　第2题　身份　[单选题]

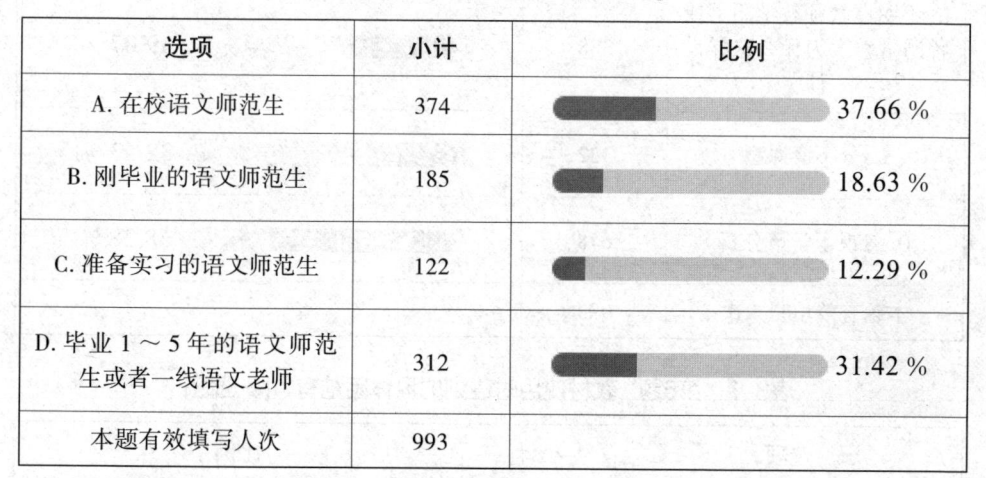

选项	小计	比例
A. 在校语文师范生	374	37.66%
B. 刚毕业的语文师范生	185	18.63%
C. 准备实习的语文师范生	122	12.29%
D. 毕业1～5年的语文师范生或者一线语文老师	312	31.42%
本题有效填写人次	993	

表3-4　第3题　你对自己实习前或者准备参加工作时的职前语文教学能力有信心吗？[单选题]

选项	小计	比例
A. 有	624	62.84%
B. 没有	369	37.16%
本题有效填写人次	993	

表3-5　第4题　你觉得自己实习时或者刚参加工作时面临的最大挑战是什么？[单选题]

选项	小计	比例
A. 教学能力不足	478	48.14%
B. 课堂管理能力不足	515	51.86%
本题有效填写人次	993	

表3-6　第5题 你对自己实习或者刚参加工作时备课中遇到的困难有？[多选题]

选项	小计	比例
A. 备课时十分依赖教师教学用书或者网络	884	89.02 %
B. 不明白教师教学用书或者网络教案为什么这样设计	388	39.07 %
C. 分不清课型	322	32.43 %
D. 忽视了学情分析	678	68.28 %
本题有效填写人次	993	

表3-7　第6题　教材使用时碰到的具体困难有？[多选题]

选项	小计	比例
A. 读不懂课文	174	17.52 %
B. 找不到教学重点难点	529	53.27 %
C. 不知道怎么落实语文要素	811	81.67 %
D. 不知道怎么结合课后思考题来设计教学过程	708	71.3 %
本题有效填写人次	993	

表3-8　第7题　上课时哪些问题困扰自己？[多选题]

选项	小计	比例
A. 重点不突出	656	66.06 %
B. 难点无法突破	617	62.13 %
C. 经常忘记落实语文要素	580	58.41 %

续 表

选项	小计	比例
D. 教学中无法兼顾课后思考题	520	52.37%
本题有效填写人次	993	

表3-9　第8题　你觉得自己哪些教学基本功有待加强？　[多选题]

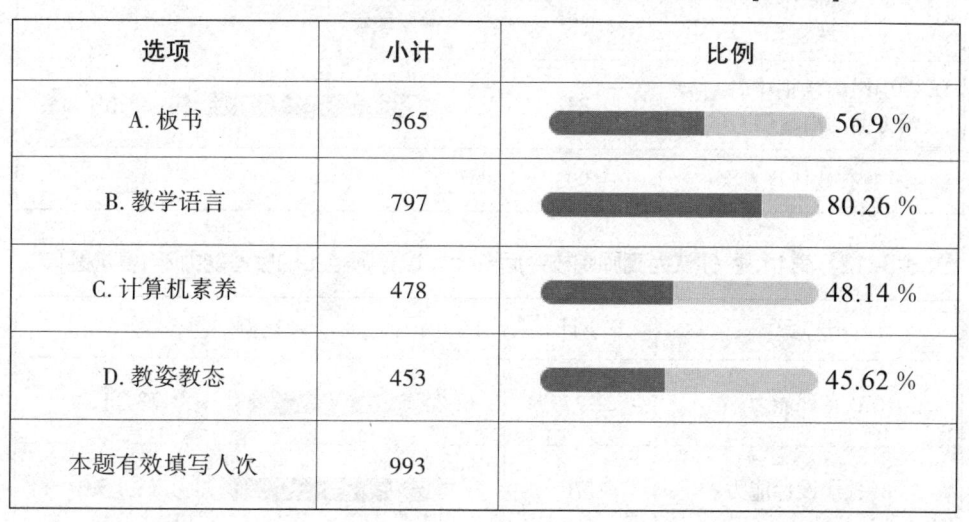

选项	小计	比例
A. 板书	565	56.9%
B. 教学语言	797	80.26%
C. 计算机素养	478	48.14%
D. 教姿教态	453	45.62%
本题有效填写人次	993	

表3-10　第9题　你希望《小学语文课程与教学》应做哪些调整？[多选题]

选项	小计	比例
A. 增加案例教学及评析	659	66.36%
B. 增加教学技能训练的时间	707	71.2%
C. 加强教学技能训练的针对性指导	813	81.87%
D. 增加教学见习机会	674	67.88%
本题有效填写人次	993	

表3-11 第10题 你希望实习学校或者工作单位提供哪些指导或者帮助？[多选题]

选项	小计	比例
A. 切实落实指导老师的指导	793	79.86 %
B. 增加听课的机会	663	66.77 %
C. 尽量不要安排专业外的课程	483	48.64 %
D. 希望岗前培训中针对教学方面的内容多一些	831	83.69 %
本题有效填写人次	993	

表3-12 第11题 你认为高师院校今后要大力培养师范生的哪些能力？[多选题]

选项	小计	比例
A. 备课能力	727	73.21 %
B. 教学设计能力	776	78.15 %
C. 教学组织实施能力	795	80.06 %
D. 教学评价能力	581	58.51 %
E. "三笔字"书写能力	596	60.02 %
F. 计算机辅助教学能力	552	55.59 %
G. 教师教学语言能力	736	74.12 %
H. 课堂组织与管理能力	846	85.2%
本题有效填写人次	993	

表3-13　第12题　对高师院校实践教学有哪些建议？　[多选题]

选项	小计	比例
A.希望能经常听到一线老师的课	760	76.54%
B.希望实践指导能细致而有针对性	863	86.91%
C.希望加强对小学语文新教材的学习与培训	822	82.78%
D.希望高师院校增强示范教学	781	78.65%
本题有效填写人次	993	

从调查问卷第1题（见表3-2）可以看出，参与调查问卷的男女生比例存在较大差距，这与师范院校中语文学科的男女生比例差距较大具有直接关系。

从调查问卷第2题（见表3-3）可以看出，本次有效问卷中的在校语文师范生和毕业1～5年的语文师范生或者一线语文老师所占的比例较大，占比分别为37.66%和31.42%；刚毕业的语文师范生和准备实习的语文师范生占比相对较小，分别占有效问卷总人数的18.63%和12.29%。

调查问卷第3题（见表3-4）显示，62.84%的语文师范生对自己实习前或准备参加工作时的职前语文教学能力具有较大信心，只有占比37.16%的语文师范生对自身的语文教学能力缺乏信心。从这一结论中可以看出，大多数语文师范生在实习或参加工作前接受了职前培训，并对自己的职前语文教学能力抱有信心。

调查问卷第4题（见表3-5）显示，48.14%的语文师范生认为实习时或刚参加工作时面临的最大挑战是教学能力不足；另外51.86%的语文师范生则认为最大的挑战是课堂管理能力不足，由此反映出该校语文师范生在职前培养中应加强学生的教学能力和教育管理能力。而教学能力和教育管理能力作为语文师范生的应用能力，具有较强的实践性，应当在实践教学中进行培养和巩固。因此，该校应进一步加强学生的实习教育和实习指导。

调查问卷第5题（见表3-6）显示，89.02%的语文师范生在实习或刚参加工作时遇到了备课时依赖教师教学用书或网络的困难；68.28%的语文师范生则认为忽视学情分析是备课中遇到的困难之一；39.07%的语文师范生认为备课困难为不明白教师教学用书或网络教案为什么这样设计；而32.43％的语文师范生则分不清课型。从这一调查结论中可以看出，江西某师范院校的语文师范生中存在近三分之一的学生缺乏基础的语文教学理论和实践知识，而大多数语文师范生则易忽略学情分析或由于缺乏经验过度依赖教师教学用书或网络，缺乏课堂教学的思考和创新能力。

调查问卷第6题（见表3-7）显示，面对教材，81.67％的语文师范生虽然掌握了语文要素的知识，却不知道怎么在教学实践中落实语文要素；71.3％的学生懂得要将课后思考题纳入教学过程，然而在具体实践中缺乏经验和必要的方法；53.27％的语文师范生在教材处理时无法明确教学的重点和难点，这与语文师范生不了解教材所对应的教学阶段的目标有着直接关系。此外，17.52％的语文师范生反映读不懂课文，表明江西某师范院校语文师范生缺乏必要的专业知识和教育理论知识储备。

调查问卷第7题（见表3-8）显示，语文师范生实习或刚工作时，在课堂上经常遇到重点不突出、难点无法突破、经常忘记落实语文要素和教学中无法兼顾课后思考题的困扰。这些均属于课堂实践教学中的要点，由此可见，江西某师范院校的语文师范生单纯依靠师范院校的课堂，是无法获得丰富的教育教学实践的。

调查问卷第8题（见表3-9）显示，语文师范生在实习或刚毕业走上工作岗位时，认为自身板书、教学语言、计算机素养、教姿教态等方面均需要加强。尤其是教学语言，成为大多数语文师范生认为自身教学基本功急需增强的一项能力。

调查问卷第9题（见表3-10）显示，江西某师范院校的语文师范生希望《小学语文课程与教学》中应当增加案例教学和评析，增加教学技能训练的时间，加强教学技能训练的针对性指导，增加教学见习机会。其中前三项均属于教学实践范畴。

调查问卷第10题（见表3-11）显示，江西某师范院校的语文师范生中79.86％的学生希望实习学校或者工作单位能够切实落实指导老师的指导；66.77％的学生希望能够增加实习期间听课的机会；48.64％的学生则希望实习学校尽量不要安排专业之外的课程；83.69％的学生希望岗前培训中增加教学方面的内容。

调查问卷第11题（见表3-12）显示，大多数语文师范生希望高等师范院校未来应加强师范生的备课能力、教学设计能力、教学组织实施能力、教学评价能力、"三笔字"书写能力、计算机辅助教学能力、教师教学语言能力、课堂组织与管理能力。

调查问卷第 12 题（见表 3-13）显示，76.54％的语文师范生希望所在院校能够经常组织师范生旁听一线教师讲课；86.91％的语文师范生希望所在院校加强实践指导的细致性和针对性；82.78％的语文师范生希望所在院校能够加强对小学语文新教材的学习与培训；78.65％的语文师范生希望所在院校能够增强示范性教学，反映出江西某师范院校语文师范生对实践教学的迫切需求。

（二）定向师范生顶岗实习支教适应融入调查问卷分析

定向师范生是各地政府为了解决农村尤其是偏远地区义务教育阶段教师资源紧缺的状况而制定的，由政府出资，专门为农村地区培养义务教育阶段师资力量的措施和政策。

定向师范生采取定向招生、定向培养、定向就业的师范生培养政策。自 2006 年起，我国多数省份实行定向师范生培养，现阶段我国定向师范生的培养已经取得了一定的成就。定向师范生顶岗实习支教是定向师范生实践教学的重要方式，直接关系着定向师范生就业后的实际教学技能的强弱和教学水平的高低。

定向师范生顶岗实习支教的时间一般较长，通常为一个学期。例如，2020 年，湖南省人民政府办公厅关于印发《湖南省乡村教师支持计划（2015—2020 年）实施办法》的通知显示，湖南省某区 2017 年四年制公费定向师范生将回到该区进行为期一个学期的顶岗实习支教。又如，湖南省某师范院校《关于做好 2022 届公费定向师范生生源地顶岗实习支教工作的通知》显示，该校 2022 届公费定向师范生将由县（市、区）教育局统一安排，回到生源地进行为期一个学期的顶岗实习支教。从这两个文件中可以看出，定向师范生顶岗实习支教一般是让定向师范生回到该生的生源地进行实习。定向师范生在顶岗实习支教期间，其实习学校由师范生生源地所在的县（市、区）教育局统一安排。定向师范生在顶岗实习支教期间的融入程度直接关系着定向师范生的顶岗实习支教质量。因而设计了《定向师范生顶岗实习支教适应融入现状调查》问卷（见附一）。

附一

定向师范生顶岗实习支教适应融入现状调查
（定向师范生卷）

亲爱的同学：你好！感谢你填写这份问卷。为深入了解定向师范生顶岗实习支教适应融入的情况，从而探索提高顶岗实习支教质量的有效措施制定本问卷，问卷采用匿名方式，希望能得到你的帮助。

1. 你的姓别？
○ 男
○ 女

2. 你所学的专业是
○ 语文教育
○ 数学教育
○ 英语教育
○ 小学教育
○ 学前教育

3. 你是否是定岗实习（顶岗支教）？
○ 是
○ 不是

4. 你顶岗实习支教时上几门课？分别是哪几门？周末时间多少？

_____

_____

5. 你来自？
○ 农村
○ 城镇
○ 城市
○ 城郊

6. 你对顶岗实习支教的了解程度？
○ 没有了解
○ 了解很少
○ 大致了解
○ 比较了解

7. 你愿意参加顶岗实习支教吗?
○非常愿意
○有点勉强
○看父母的意愿
○不愿意

8. 你顶岗实习支教的目的和动机是什么?【多选题】
□提高自身教学技能
□当做一种旅游
□传播科学知识,提高教育质量
□有利于学校的评优、加分
□丰富人生阅历,体验多彩生活
□作为一项实践项目来申报和实践
□为履历表增光添彩,增加竞争筹码
□个人的志愿精神和爱心
□增加一点收入

9. 你在参加支教前是否有过教学经历?
○是
○否

10. 你是否适应实习学校的生活环境?
○非常适应
○比较适应
○基本适应

11. 你是否适应实习学校的教学环境?
○非常适应
○比较适应
○一般
○非常不适应
○比较不适应

12. 你能否融入实习学校?
○能
○不能
○基本上能

13. 你的职前教学能力能否应对课堂教学？
○ 能
○ 不能

14. 你能否应对课堂突发情况？
○ 能
○ 不能
○ 基本上能

15. 你在顶岗实习支教过程中遇到的困难有？【多选题】
□ 当地关心很少，得不到外部支持
□ 自己对课程不熟悉，备课困难
□ 教学条件太差，开展教学很不顺利
□ 学生不配合
□ 当地生活条件很艰苦
□ 经费太少，日常生活难以维持
□ 不适应当地的语言、生活习惯、习俗等
□ 由于语言等方面障碍，学生们听不懂
□ 通讯不够便捷

16. 你顶岗实习支教时在人际交往时遇到的困难有？【多选题】
□ 不知如何处理与学生关系
□ 不知如何处理与指导老师关系
□ 不知怎么与实习学校老师打交道
□ 不知道怎么与实习学校领导打交道
□ 不知如何拒绝实习学校领导或者老师不合理的要求
□ 不知道怎么与师专指导老师交往

17. 你在顶岗实习支教时遇到的职业伦理冲突有哪些？【多选题】
□ 实习学校有的老师不怎么管学生
□ 实习学校有的老师对学生惩戒过度
□ 有部分实习学校的老师责任心比较差
□ 实习学校有部分老师没有平等对待每一位学生
□ 有实习学校老师告诉你差不多就可以

18. 你在顶岗支教实习期间是否得到了指导老师的有效指导？
○ 得到了
○ 得到了一点点

○基本没有
19. 你希望实习学校给你提供哪些帮助或者指导？
_____
20. 你希望师专学科课程教学法的教学进行哪些方面的改革？
_____
21. 你希望地方教育局为你的顶岗实习支教提供哪些帮助？
_____
22. 你希望学校为你的实习提供哪些帮助？
_____
23. 实习时你能否适应角色的变化
○能
○不能
○虽然经历了较长时间，最终还是适应了
24. 顶岗实习支教结束后，你对教师职业有什么新的认识
_____

  由于定向师范生在顶岗实习支教期间需要返回生源地进行实习，而非前往师范院校合作建设的实习基地进行实习。因此，与其他师范生相比，定向师范生所受到的师范院校的实习指导也大多为远程指导。同一位实习指导老师，可能负责多名定向师范生的实习指导。例如，湖南某师范院校的定向师范生在顶岗实习支教过程中，一般会安排师范生所属学院遴选责任心强、专业扎实和有实习指导经验的老师担任专业实习指导老师，负责在定向师范生顶岗实习支教中对其进行专业知识和技能指导，以远程指导为主，每位指导老师指导的学生数原则上不超过30人。除了专业指导老师进行远程指导之外，师范院校通常会在某一片区安排一名联络指导老师，负责对某一地区的顶岗实习支教师范生进行巡查，随时与定向师范生生源所在县（市、区）教育局和实习学校联系，以跟踪实习生的工作动态。定向师范生生源所在地的县（市、区）教育局则负责安排定向师范生顶岗实习支教期间的实习工作和生活，保障其顶岗实习支教顺利进行。实习学校则应肩负起为顶岗实习支教的定向师范生配备指导教师，担起全方位协助语文师范生融入和提升的职责。然而，在定向师范生顶岗实习支教的实践中，可能存在师范院校、地方教育部门和实习学校协同步调不一致的情况，从而对定向师范生顶岗实习支教实践产生一定的不良影响。

二、语文师范生顶岗实习支教问卷调查总结

综合本调查问卷分析可以看出，顶岗实习支教中的语文师范生面临着一些迫切需要提升或完善之处，主要体现在以下几个方面。

（一）语文师范生的综合素质有待进一步提升

1.语文师范生的专业理论知识储备有待提升

调查问卷结果的第5题（见表3-6）显示，32.43%的语文师范生分不清课型；第6题（见表3-7）显示17.52%的语文师范生读不懂课文。一般而言，课程类型和课文分析是师范院校专业理论课程和教育理论课程均会涉及的内容。由此可见，部分语文师范生的专业理论知识储备还有待进一步提升。

2.语文师范生的教学技能有待提升

调查问卷中许多语文师范生反馈备课时依赖教师教学用书，忽视学情分析，无法明确教材的重点和难点，不明白在课程设计中如何落实语文要素，不知道怎么将课后思考题纳入教学设计，讲课时重点不突出，难点无法突破，忘记落实语文要素，无法兼顾课后思考题以及语文师范生的教学基本功不足等，这些均属于教学技能范畴。由此体现出语文师范生面临教学技能有待提升的客观事实。这也从侧面反映出语文师范生希望通过顶岗实习支教活动提升教学技能。

3.语文师范生的综合能力有待提升和强化

本调查问卷中较少涉及语文师范生的教育研究能力、组织能力、策划能力以及人际交往能力等方面。然而，从本调查问卷反映出的语文师范生教学实践技能不足的种种方面，可以推测出与语文师范生教育教学相关的实践技能也有待提升和强化的结论。

（二）语文师范生实习指导有待进一步增强

1.实习指导教师的作用有待增强

本调查问卷第10题（见表3-11）显示，79.86%的语文师范生希望切实落实指导老师的指导。由此可见，部分师范院校的顶岗实习支教中并未严格落实实习指导老师责任制，或实习指导老师并未给予语文师范生切实可行的指导。

一般而言，在顶岗实习支教活动中，师范院校和实习学校均应为顶岗实习支教的师范生配备实习指导老师，在师范生实习过程中为其答疑解惑，对

师范生进行教学实践指导。然而，一些师范院校和实习学校出于教学任务、教学目的等原因，虽然安排了实习指导老师，但却没有充分发挥实习指导老师的作用。

2. 实习前指导中应增强课程教学实践性

《小学语文课程与教学》是语文师范生在师范院校学习的教育理论课程。本次调查问卷的第9题（见表3-10）显示，语文师范生希望在《小学语文课程与教学》中增加案例教学及评析、教学技能训练的时间、教学技能训练的针对性。本次调查问卷的第10题（见表3-11）显示，83.69%的语文师范生希望师范学院能够在岗前培训中增加教学内容的指导。本次调查问卷的第12题（见表3-13）显示，86.91%的语文师范生希望院校实践指导能够细致且有针对性。这些调查结果均反映出语文师范生要求加强教育理论课程实用性的要求。

三、语文师范生顶岗实习支教调查结果反思

上述调查问卷中，主要从语文师范生自身的要求出发，对语文师范生的顶岗实习支教实践所需进行了调查。顶岗实习支教作为一种协同育人模式，重点对师范生的教育教学实践能力进行培养，强调师范院校、地方政府和实习学校的协同配合。为了保障顶岗实习支教的效果，应从以下几个方面着手。

（一）师范院校要加强师范生理论培养效果，建立健全顶岗实习支教制度

师范院校作为师范生的母校，在师范生的培养中，应当创新教学方法和教学评价体系，不断提升专业理论课程和教育理论课程的质量，提高师范生的综合理论素养。除此之外，师范院校还应建立健全顶岗实习支教制度，从实习前培训到实习过程中的指导，再到实习结束后的评价，建立一套完善的系统，从而保障师范生的实习效果。

（二）地方政府要出台相应的政策和制度，为顶岗实习支教的效果提供保障

制度是各项活动的保障，地方政府应当重视师范生的顶岗实习支教，并且出台相应的政策，保障师范生在顶岗实习支教中经费的落实，协助高校与所在地区的中小学校建立协同合作关系，推动师范生顶岗实习支教基地的建设。

（三）实习学校要提高对师范生顶岗实习支教的认识，确保顶岗实习支教指导落实到位

实习学校应不断提高对师范生顶岗实习支教的认识，正确处理日常教学任务和师范生顶岗实习支教之间的关系，并且有意识地让顶岗实习支教的师范生参加学校的教育教学活动，全面提升师范生的综合实践能力。

（四）社会团体或舆论要加强对顶岗实习支教师范生的关注

社会教育团体或社会媒体应当加强对顶岗实习支教师范生的关注，切实了解顶岗实习支教师范生在实习过程中面临的种种实际困难，充分发挥社会舆论的力量。例如，社会媒体对优秀顶岗实习支教师范生的报道，引导社会各界加强对顶岗实习支教师范生的关注，为顶岗实习支教师范生教学实践能力的提升保驾护航。

第四节 语文师范生顶岗实习支教效果的优化策略

语文师范生顶岗实习支教的效果不仅直接关系着语文师范生对教师职业的认同与否和师范生教学实践水平的高低，还会影响我国基础教育中语文师资队伍的整体水平。本节主要对语文师范生顶岗实习支教效果的优化策略进行分析。

一、完善师范院校师范生顶岗实习支教体系

语文师范生顶岗实习支教是语文师范生将理论知识转化为实践经验不可或缺的环节，也是语文师范生培养的重要环节。师范院校应当重视顶岗实习支教活动，从岗前培训、岗中指导和岗后反思三个方面完善顶岗实习支教体系，切实将顶岗实习支教中的教学指导落实到位。

（一）成立顶岗实习支教指导中心、教师教育中心等机构

顶岗实习支教活动作为师范生教育的重要环节，涉及师范院校、地方政府教育机构、实习学校、师范生等多个协同主体。为了更好地组织和开展顶岗实习支教活动，师范院校可以成立专门的顶岗实习支教指导中心、教师教育中心、教师教育学院等部门，为顶岗实习支教活动提供保障。以H师范大学为例，H师范大学是我国最早实行顶岗实习支教模式的师范院校之一，2006年

开始在全校推行顶岗实习支教模式，至2021年5月已先后组织了20余个专业、43 900余名师范生参加顶岗实习支教活动，涉及的中小学、幼儿园达7 400多所，分布在河北、北京、天津、新疆等150多个县（市、区）。H师范大学经过十余年的顶岗实习支教活动实践，已初步构建了较为完善的顶岗实习支教体系。早在实行顶岗实习支教模式之初，H师范大学就成立了顶岗实习支教指导中心，并明确了顶岗实习支教指导中心的职责：

（1）负责全校师范生顶岗实习支教的组织、指导、研究、协调和实施。

（2）与相关部门共同做好顶岗实习支教的党建工作，加强顶岗实习支教师生的思想政治工作。

（3）负责制订顶岗实习支教重大问题与突发事件的应急预案。

（4）组织实施顶岗实习支教县市教师培训工作。

（5）负责教育协同发展基地建设工作，积极推进教师教育改革，争创国家级教师教育改革创新实验区。

从H师范大学的顶岗实习支教指导中心的职责可以看出，H师范大学的顶岗实习支教指导中心在该校顶岗实习支教活动中具有重要的组织和实施功能。此外，H师范大学的顶岗实习支教指导中心下设各学院的顶岗实习支教工作领导小组，每个小组中明确该学院具体学年的顶岗实习支教师范生的负责教师，负责本学院学生顶岗实习支教前的教育见习与研习、教师教育理论课程的实施、学生筛选和岗前培训工作的实施等。对实习师范生进行思想动员，开展思想道德教育、师德教育、安全教育、纪律教育和艰苦朴素教育，并有针对性地提高师范生岗前培训的工作质量。

（二）制定完善的顶岗实习支教制度

制度是一切行动的有力保障。师范院校作为培养未来教师人才的重要机构，每年均需组织师范生进行实习活动。师范院校可以通过制定完善的顶岗实习支教制度，明确该校顶岗实习支教的目标、组织机构、组织实施的具体标准和时间、类别、步骤，以及顶岗实习支教活动中的师范生管理、检查与指导、考核与表彰、经费保障等，从而保障该校每年的顶岗实习支教工作顺利开展。例如，X大学2010年出台《X大学顶岗实习支教工作规定》中，明确了顶岗实习支教的指导思想、组织领导、时间地点、职责分工等。其中还指出，该校师范生需按照学校的统一安排参加为期一学期的顶岗实习支教活动，并在顶岗实习支教期间完成相应的学业任务。

为了保障顶岗实习支教活动的顺利开展，成立顶岗实习支教管理处，并明确其职责。此外，在《X大学顶岗实习支教工作规定》中，对校党委办公室、校组织部、校宣传部、校团委、校科研处、师范生工作部、校计财处、校总务处、校图书馆、校信息网络中心、校电教中心、校武装保卫处、各教学系、校办各类研究所、校附属中学等部门，在顶岗实习支教中的职责进行了明确规定，并通过制度的形式确定下来，确保X大学内部各部门之间统一协作，保障顶岗实习支教活动的顺利开展。再如，B大学2021年出台的《B大学本科教学实习（实训）管理办法》。在《B大学本科教学实习（实训）管理办法》（下文统称为《办法》）的组织管理中，B大学明确了本科师范生教学实习工作的管理方式、教务处的具体职责等。此外，《办法》中将本科师范生教学实习划分为课程实习（实训）、专业见习、专业实习（实训）、毕业实习（实训）、社会实践五种类型，并且明确了各类实习的时间、地点和内容，以及实习目的、实习工作流程、实习期间的师范生管理、指导教师管理、经费管理、师范生实习考核与成绩评定等，以保障师范生各类实习活动的有效开展。

（三）健全语文师范生顶岗实习支教的岗前培训

顶岗实习支教的岗前培训能够有效提升语文师范生的师德师风，增强语文师范生的教育理论知识储备，掌握一定的教学理念、教学方法，提升语文师范生的课堂教学组织和班级管理能力。以H师范大学为例，H师范大学作为我国较早开展顶岗实习支教模式的学校，已先后组织了数十场顶岗实习支教活动。针对往届顶岗实习支教语文师范生的表现，结合顶岗实习语文师范生、实习学校、实习指导老师等不同人群的大量顶岗实习调查问卷，对顶岗实习支教中的师德师风、知识储备、教学理念、教学方法、课堂教学组织和班级管理能力等有关方面，进行针对性的语文师范生顶岗实习支教岗前培训管理，并制定顶岗实习支教语文岗前培训方案。

1. 召开语文师范生岗前实习支教动员大会

参会人员包括H师范大学各学院院长、教务处和学生处的负责人，所有师范类专业学部部长、教学和学生工作部副部长等，明确顶岗实习支教岗前培训的意义、目标以及组织方式。

2. 明确语文师范生岗前实习培训的参与人员

语文师范生岗前实习培训的参与人员包括优秀的顶岗实习支教师范生、顶岗实习驻县管理教师、顶岗实习支教指导中心管理人员、实习学校领导和一线教师等。

3.加强师范生岗前教学技能培训

结合往届顶岗实习支教语文师范生的实践经验，重点加强语文师范生的"三笔字"岗前强化培训、教育政策与教育理念培训、教学技能培训、班级管理培训等。例如，板书是语文师范生在顶岗实习支教中常用的技能，也是未来走上教师岗位后不可或缺的技能。H师范大学通过专门的板书培训、开展优秀的板书作品展览、举行日常小黑板展览等活动，有效引导和提升语文师范生的板书技能。此外，还开展"语言文字表达技能及实训"课程、教具制作、微课等各种大赛。又如，在教育政策与教育理念的培训中，加强对语文师范生师德师风、基础教育改革和最新中小学教育政策的指导，引导师范生明确中小学教学的方向。再如，组建优秀顶岗实习生巡回交流团和一线教师巡讲团，充分发挥朋辈引领和榜样示范的作用，开展各类教育技能和班级管理专题讲座，提升语文师范生的教育教学能力。此外，还通过大量教师和实习主题的讲座，加强语文师范生对顶岗实习支教的期待。具体包括：教师职业道德教育，如开展"教师礼仪与职业理想"专题讲座；教师专业素质教育，如开展"青年教师的专业成长"专题讲座；教师职业规划教育，如开展"教师职业规划"专题讲座；顶岗实习支教的安全教育，如组织开展"组织纪律与安全教育"专题讲座。

（四）强化实习指导教师的作用

师范实习生走出校门来到实习学校后，面对陌生的环境和实习任务，难免会出现手足无措的现象。实习指导老师作为师范院校实习团队的带队语文师范生，在语文师范生顶岗实习支教期间起着极其关键的作用。实习指导老师不仅承担着为师范生答疑解惑的职责，而且起着引导师范生教育教学态度和提升师范生教学技能的重任。因此，强化实习指导老师的作用，组建完善的实习指导老师团队至关重要。以H师范大学为例，H师范大学十分重视实习指导老师队伍的组建，将顶岗实习支教实习指导作为锻炼和培养该校教师队伍的重要途径之一。通过顶岗实习支教实习指导活动，引导该校教师树立正确的教育理念，提升教师队伍的科研水平。

1.建立驻县教师规章制度

H师范大学的顶岗实习支教指导采用以驻县教师、巡回教师、特聘教师构建的三位一体的实习指导老师队伍，并加强对顶岗实习支教师范生的教学指导，以培养和提升H师范大学顶岗实习支教师范生的教学能力。其中，驻县教师作为顶岗实习支教师范生的主要实习指导老师，对顶岗实习师范生负有直接的教育责任。H师范大学自2006年起实行顶岗实习支教模式以来，至2021年年底，前后有800多名青年教师和年轻干部成为驻县教师。为了加强驻县教师的管理，H师范大学出台了《H师范大学顶岗实习支教驻县教师管理办法》《H师范大学关于加强青年教师和年轻干部社会实践能力培养的实施意见》《H师范大学关于年轻教师参加顶岗实习支教工作的通知》等规定。这些规定中，明确了顶岗实习驻县教师的任职资格和工作职责（见表3-14）。

表3-14 H师范大学驻县教师任职资格及工作职责一览表

项目	内容
任职资格	1.忠诚于党的教育事业，热爱教育工作，恪守教师职业道德，治学严谨，具有强烈的事业心、责任心 2.具有较强的沟通和管理能力，服从学校的工作安排 3.身心健康，能够胜任驻县管理工作
工作职责	1.组织协调工作，代表学校做好与当地教育行政部门及实习学校之间的沟通协调工作，主动争取对方支持，优化实习环境，为实习生工作、学习、生活提供有效保障 2.教育管理工作，代表学校对驻县区域顶岗实习生实施统一管理，组建团队，健全制度，围绕学生的思想、健康、安全、工作、学习、生活等方面，开展日常教育管理工作 3.教学指导工作，深入实习学校和实习生课堂，及时掌握实习生参与教育教学活动的真实情况，有的放矢地开展教学指导和教育教研活动 4.党团建设工作，加强临时党团组织建设，积极开展丰富多彩的党团活动和社会实践活动，重视思想政治教育，培育和弘扬社会主义核心价值观
工作职责	5.宣传报道工作，认真总结经验，挖掘典型事例，依托顶岗实习支教的网站、微信公众号、简报等媒介搭建顶岗实习支教立体化宣传交流平台 6.创新发展工作，积极拓展顶岗实习支教工作领域，丰富工作内涵，推进工作机制建设，利用个人专业特长，服务当地教育与经济社会发展，充分发挥桥梁作用，促进我校教师教育UGS合作模式创新发展

驻县教师的名单确定后，H师范大学会组织顶岗实习驻县教师培训活动，通过驻县教师代表对调研工作进行经验分享的方式，对驻县教师的初心使命和责任担当、工作内涵及角色定位等进行重点培训。在明确驻县教师担任顶岗实习支教师范生指导教师的同时，应做好相关调研任务。此外，针对顶岗实习关键问题的研讨、安全风险点的梳理、网络舆情安全、实习生培训、教学指导、党团建设、宣传工作等方面进行专门培训。

在实习结束后，H师范大学将对参与顶岗支教实习的师范生进行驻县教师工作问卷调查，并开展优秀驻县教师评选活动；对驻县教师进行考核，鼓励驻县教师在顶岗实习期间发挥自身的作用，对师范生进行有效指导。

2. 巡回指导老师制度

除了驻县教师之外，H师范大学还实行巡回指导老师制度。巡回指导老师以巡回教学的方式，对某一个地区的若干所学校的师范生进行教学指导。H师范大学规定各系在师范生顶岗实习支教期间，应安排专门教师到师范生顶岗实习的学校进行定期巡回检查，了解情况并解决问题。

3. 组建特聘教师团队

应《H师范大学特聘名师指导组管理实施办法》的要求，组建特聘名师指导组，组员由各县、市教育局教研室、中学、进修学校聘请部分具有特、高级职称、教学成绩突出和教学经验丰富的教师组成。H师范大学的特聘名师指导组拥有约800名省市级骨干教师、国家级中学高级教师和特级教师，对顶岗实习支教的师范生进行有针对性的指导。

《H师范大学特聘名师指导组管理实施办法》中明确了特聘名师指导组的工作内容，即每周定期听评实习师范生的讲课，从组织教学、教材分析、教学设计、教学常规等方面对实习师范生进行教学指导，并从班会、家长会、班级日常管理、班风建设等方面进行班主任工作的指导。此外，特聘名师指导组还需要帮助学生参加学校和当地组织的各种技能大赛。

4. 其他教育指导力量

除了上述的组建教育指导队伍之外，H师范大学还可通过远程录像教学指导、远程QQ群教学指导等形式，对顶岗实习支教的师范生进行指导。

（五）构建实习评价体系

实习评价体系能够较为真实地反映师范生在顶岗实习支教活动中的表现，是师范院校培养和提升师范生教学能力的重要指标之一。师范院校实习评价体系的构建能够帮助师范院校查漏补缺，提升师范生实习的整体质量。以H师范大学为例。H师范大学要求在每期顶岗实习支教活动结束后，驻县教师、师范生要做好顶岗实习支教的总结（见表3-15）。

表3-15　H师范大学顶岗实习支教总结一览表

项目	内容
驻县教师总结	1. 撰写个人工作总结（题目自拟，突出特色），重点是成功经验和存在问题，切忌写成流水账 2. 填写"H师范大学顶岗实习支教驻县管理人员鉴定表" 3. 整理实习生工作、生活、教学、管理中的典型案例，以及典型个人、突出事迹、感人事迹 4. 整理分队各类照片 5. 撰写"驻县教师教学指导总结"，主要总结在指导实习生教育教学实践中发现的问题、解决的办法和经验的收获 6. 驻县教师填写"××县第×期顶岗实习支教教育教学实践过程评价汇总表"，完成对实习生教育教学实践的过程性评价，请严格依据实习生《顶岗实习学生手册》的完成情况和实际工作中的表现
实习生鉴定	1. 顶岗实习支教合格证书 2. 河北师范大学顶岗实习支教鉴定表 3. 各种思想鉴定表 4. 党团会议记录 5. 党团会议记录 6. 完成各种教育教学实践作业

除此之外，H师范大学制订了《顶岗实习生手册》，将顶岗实习师范生在实习期间的过程性评价与实习结束后的评价结合起来，并且不断完善H师范大学顶岗实习师范生评优量化标准，构建综合表现测评与教学实践测评的双重评价体系，结合顶岗实习师范生的自我评价和各项教学作业、教学录像等对顶岗实习师范生进行较为客观的实习评价。

除了H师范大学之外，其他师范院校也在不断创新顶岗实习师范生的评价方式。例如，Q师范大学将师范生的实习支教成绩分为优秀、良好、中等、合格、不合格五档，由平时成绩、实习材料成绩和汇报讲课成绩组成，平时成绩占30%，实习材料成绩占20%，汇报讲课成绩占50%。平时成绩由中小学指导教师给出；实习材料成绩由校内教师根据实习支教工作日志、实习教案、听课记录表、班主任工作实习记录表以及教育调查报告的完成情况给出；汇报讲课成绩由学院实习支教工作领导小组根据学生汇报讲课情况给出。通过评价主体多样化、评价内容多元化等方式，对顶岗实习支教师范生的实习效果进行评价。

（六）统筹顶岗实习支教工作与基层教师培训工作

顶岗实习支教模式是一种师范学校选派实习生到实习基地进行为期一学期教学的实习模式，具有实习时间长、师范生融入程度较深的特点。为了充分实现顶岗实习支教多方共赢的初衷，一些师范院校将顶岗实习支教工作与基层教师培训工作结合起来。以H师范大学为例，H师范大学实行顶岗实习和置换研修一体化建设，有力促进职前职后一体化的规模发展和内涵发展。自H师范大学从2006年顶岗实习支教工程实施以来，经过探索、发展和拓展，逐步形成以下几种有效方法：

（1）秉承"德育为先"和"实践为导"的理念，以教师教育课程为载体，践行建构在科学理念和优化课程体系之上的实践型教师教育人才培养模式。

（2）在驻县教师管理的基础上，建立区域化管理制度，由片区长（区域管理负责人）统一协调区域内顶岗实习管理事务。

（3）实施以提高实习生教学技能为目的的"多层教学指导体系"，解决顶岗实习生面临的工作难题，让学生更好地提升服务农村教育的能力和水准。

（4）建立较为完备的中小学教师投身基层教育的科研体制，解决中小学教师"下不去"的难题。

国培计划——置换脱产研修项目是顶岗实习支教工作的进一步深化和延续，为努力实现二者的相互促进与提高，我校实施顶岗置换的双轮驱动措施，逐步形成以下几种有效做法：

（1）在培训整体安排上，采取"分期、分学科，全年不间断"的方式，有效解决了长期困扰农村教育的工学矛盾，提升了农村教师的教育意识和知识能力。

（2）采取科学管理与质量跟踪的措施。项目管理中突出专业性，实现"行政搭台 专业唱戏"，实行项目负责人制；建立了项目负责人、业务班主任、学员家庭三级管理体系和学习化组织体系，让"班长、家长、课长"等在不同学习和生活氛围中起到引航人的作用，对提高学员学习的主体性和自主管理能力具有良好的示范作用。

（3）完成"国培计划"置换研修项目规定的返岗实践和课题研究任务，同时引领培训学员不断进取，实施"晋级"计划（"科研"晋级、"专业"晋级、"培训"晋级），进一步巩固和提升培训效果。

H师范大学的顶岗实习支教工作与基层教师培训工作的做法，有力提升了师范院校与地方政府教育机构和实习学校多方合作的协同育人效果，为顶岗实习支教师范生创造了良好的实习环境；有利于顶岗实习支教师范生更好地融入实习学校，有效提升了顶岗实习支教师范生的教学水平。

二、提升地方政府教育机构对顶岗实习支教的支持

顶岗实习支教是建立开放有序、上下衔接、培养培训一体化的新型教师教育体系的桥梁和纽带，是有效服务基础教育的"平台"。地方教育部门作为顶岗实习支教活动中的重要一环，在顶岗实习支教活动中起着重要的协同作用。以D县教育部门为例，D县自2011年即与H大学建立了密切合作关系，多次接受H大学的顶岗实习支教师范生。当顶岗实习师范生到达D县时，D县教育部门会对顶岗实习师范生进行为期一周的岗前培训，帮助实习师范生快速转变角色，熟悉教育教学环境。此外，D县抽调该校各系优秀教师组成指导教师团，通过听评课的方式对H大学的顶岗实习师范生进行指导，并且通过专家讲座的形式，拓展顶岗实习师范生的知识面；通过组织教学技能比赛的方式，不断提升顶岗实习师范生的教学能力。

从师范院校的角度来看，顶岗实习支教模式是一种协同教育模式，地方政府教育机构在顶岗实习支教模式中起着极其关键的作用。地方政府教育机构是否支持师范院校的实习活动，直接关系着师范生顶岗实习支教的效果。想要优化语文师范生顶岗实习支教的效果，应当提升地方政府教育机构对顶岗实习支教活动的支持。以H师范大学为例，H师范大学在实行顶岗实习支教模式的20多年来，与全省的百余所省级示范性高中和优质初中建立了合作关系，这些学校分布在全省多个市县。H师范大学通过顶岗实习支教活动，与全省各县（市）的地方教育机构建立起极为紧密的合作关系，获得全省各县（市）地方教育机构的大力支持。

（一）与地方教育部门签署合作协议，明确双方在顶岗实习支教模式中的协作关系

H师范大学属于省属师范院校，拥有全国中小学骨干教师培训基地、全国重点建设职业教育师资培训基地、教育部高校辅导员培训和研修基地，在县域历史文化研究、职业教育、古籍整理研究、继续教育、学校师资培训等方面有着丰富的经验和资源，科研成果丰硕。在与地方教育部门进行合作时，H师范大学借助其学科优势、人才优势、科研优势与地方政府教育部门达成合作协议。例如，H大学与W县政府达成全面合作关系，在W县打造高校—区县—中小学"三位一体"的教师教育改革试验区，设立名师名校长工作室，选派师

范生顶岗实习支教，开展校长教师培训，推动教育信息化改革，开展产学研深度合作，开展"农校对接"消费活动。这些合作项目中包括"选派师范生顶岗实习支教"，在进行师范生顶岗实习支教活动过程中，H大学即可获得地方教育部门的支持。

（二）支持地方教育部门举行的活动，并利用各项活动提升顶岗实习师范生的教学能力

例如，N县教育部组织举行"微讲课+说课"大赛活动期间，H大学在当地组织顶岗实习支教的师范生积极参与，让其在实习指导老师的指导下充分展现出较高的教学能力，以引发N县教育部门的重视。

三、加强实习学校对顶岗实习支教师范生的支持

实习学校是顶岗实习支教模式中必不可少的一环，在顶岗实习支教模式中扮演着极其重要的"角色"。顶岗实习支教师范生需要在实习学校进行为期一学期的实践学习，在此期间，实习学校的重视程度与指导效果直接关系着顶岗实习支教师范生的学习效果和教学水平的发展。加强实习学校对顶岗实习支教师范生的支持，应从以下几个方面着手。

（一）充分发挥实习学校实习指导老师的作用

师范院校一般采用双导师制，除师范院校的指导老师之外，实习学校一般会为顶岗实习支教师范生配备教学指导老师。与师范院校的指导老师的职责不同，实习学校的教学指导老师的教学通常具有更强的针对性。以Q师范大学为例，Q师范大学实行师范生顶岗实习支教双导师制，并在该校的师范生顶岗实习支教管理办法中明确了校内指导老师和中小学指导老师的工作职责。其中规定，中小学指导老师负责向师范生介绍本课程的教学情况和学生学习的情况，指导师范生的备课活动，审批实习教案，引导范生有效步入教学实习工作；指导师范生试讲、讲课、评课等，并主持评议会，帮助学生改进教学方法，解决教学各环节中存在的问题，提升教学效果；指导学生批改作业和进行课外辅导，帮助学生完成班主任实习工作；评定学生的实习成绩，并给学生的教学实习工作写出评语。

（二）增强实习学校对实习师范生的重视

在顶岗实习支教模式中，实习学校在师范生顶岗实习中起着举足轻重的

作用。顶岗实习支教模式作为一种师范生协同培养模式，在师范生教学能力培养中起着极其关键的作用。顶岗实习支教师范生在客观上能够起到促进实习学校科学文化知识的传播、提升实习学校师资水平等重要意义。实习学校在加强师范生实习指导老师能力的同时，还应给予师范生更多的实习支持，主要表现在以下几个方面。

（1）放手让顶岗实习支教师范生参与到教学和管理之中，实现顶岗到位。

（2）承担起培养未来教师的重任，给实习师范生提供必要的技术点拨，帮助其解决实习中的难题，使其在反复实践中练就过硬的本领。

（3）给予顶岗实习支教师范生更多的关注，增强顶岗实习支教师范生的归属感和融入感，引导顶岗实习支教师范生融入实习学校的教师集体中，投身于实习教学工作之中。

综上所述，顶岗实习支教模式作为师范生协同培养的重要模式，通过充分发挥师范院校、地方政府教育机构和实习学校的力量提升师范生的教学能力。因此，优化语文师范生顶岗实习支教的效果，还应从师范院校、地方政府教育机构和实习学校的具体工作着手，加强协作，达到提升语文师范生顶岗实习支教效果的目的。

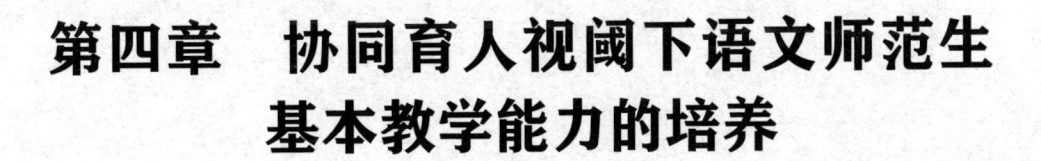

第四章　协同育人视阈下语文师范生基本教学能力的培养

第一节　语文师范生朗读能力的培养

朗读是一种有声语言的艺术，是借助语音形式生动、形象地表达作品思想内容的言语活动，是一种口头语言艺术。朗读能力是语文师范生的基本教学能力之一。本节主要对顶岗实习模式下语文师范生朗读能力的培养与提升进行详细分析。

一、语文师范生朗读能力概述

朗读是语文教学中常用的教学手段，也是语文师范生和语文教师必备的基本技能之一。

（一）朗读的概念

朗读又名诵读。朗读是将书面语言转化为有声语言的一种再创作，其要求有声语言能够树立准确、鲜明、生动的形象，体现原作品的思想情感，表达原作品独特的精神风貌。

朗读不仅是将文字作品单纯地、机械地转化为有声语言的过程，而且是一种创造性的活动。一方面，朗读是一种将文字转化为声音的过程，朗读的过程有利于将人的思维从视觉思维转化为听觉思维，从而引导朗读者和倾听者进行思维转化，提升朗读者和倾听者对文章的理解；另一方面，朗读是一种语言的再创作活动，朗读者在朗读过程中，通过对文章思想感情的理解，传达文章作者的创作意图，表现作者的思想情感，并且将个体对作品的感受传递给听众，实现将文字形态转变为声音形态的艺术再创作。

（二）朗读的特点

朗读具有音声性、依赖性和再创造的特点。

1. 朗读具有音声性的特点

音声是指朗读的声音。朗读是一种声音语言的艺术，以声音为媒介。听众通过朗读者的有声语言来了解文字作品的内容和思想内涵，借助朗读者的声音感受文字作品中蕴含的丰富情感和艺术魅力。声音并非朗读的全部意义，然而却是朗读存在的基础。从这一角度来看，朗读具有音声性的特点。

朗读的音声性特点表现在朗读者的声音直接影响着朗读的效果。当朗读者的声音准确、清晰、响亮而富于美感时，能够吸引听众的注意力，并且带给听众美的享受；相反，当朗读者的声音浑浊嘶哑时，则会使朗诵艺术黯然失色。

2. 朗读具有依赖性的特点

朗读是一种以文字作品为依托的艺术，文字作品的语言、思想内涵、情感决定着朗读作品的情感基调、具体的朗诵技巧。朗读者必须以文字作品为根本，在文字作品的基础上进行再创作，展现朗读者的艺术修养和文字欣赏水平。任何优秀的朗读者均不能抛弃文字作品原有的思想和情感基调进行朗读。如果朗读者不能按照文字作品的语言、思想和情感进行朗读，而是随意发挥，则其行为就跳出了朗读的圈子，不能再称之为朗读。由此可见，朗读具有较强的依赖性特点，必须依赖特定的文字作品才能实现。

3. 朗读具有再创造的特点

朗读是将文字作品转化为有声语言的再创作活动，是一种二度创作活动。朗读是朗读者将其对文字作品的理解和感受以及自我的审美理想和追求融入有声语言之中的过程。在这一过程中，朗读者不仅是对文字作品的机械传达，而是对文字作品的再创作。听众通过朗读者的朗读能够更加积极能动地理解和感受作品，并且通过朗读者对文字作品的有声再现，而在新的时代背景下重新理解文字作品中所蕴含的思想和情感，从而使文字作品获得更为深广的社会文化意义。

不同朗读者由于对文字作品中原作者的思维逻辑和写作意图的理解不同，对文字作品中蕴含的思想内涵和情感的感受层次存在一定的差异性，所以朗读的效果也存在较大的差距。朗读者只有充分发掘文字作品原作者写作的思维逻辑、愿望和意图，深入而细腻地理解文字作品中蕴含的思想内涵和情感，才能借助一定的朗读技巧，充分地实现文字作品的有声语言的再创造，才能最终实现语言技巧与文字作品思想情感的完美统一，从而最终实现朗读创作的目的。

如果说文字作品是一种"写"的艺术，那么朗读就是一种"读"的艺术。朗读是文字作品的有声语言表达方式，具有较强的转述性和再创造的特点。朗读活动是一种充满情感的活动。朗读者在朗读文字作品的过程中，必须充分理解文字作品中蕴含的情感，并通过认识感受和整理情感，通过有声语言，充分表现出文字作品中的情感以及朗读者个人的情感，只有表达出双重情感，才能实现朗读的再创造。

4. 朗读具有艺术性的特点

朗读是一种语言艺术，通过有声语言来创造和刻画艺术形象，从这一视角来看，朗读具有艺术性的特点。朗读所创作的艺术形象不同于美术、雕塑等艺术方式所创作的直观艺术形象,其是一种非直观的艺术形象。然而,听众借助朗读者的语言可以在脑海中清晰地刻画和再现出具体、生动、清晰和可感的艺术形象。

朗读的艺术性特点决定了朗读语言来自真实的生活语言,然而却比真实的生活语言更美、更具感染力。朗读者只有掌握朗读语言和朗读技巧,才能在朗读实践中创造生动、清晰的艺术形象。

(三)朗读的流程

朗读的流程包括理解感受作品和表达作品两个环节。

1. 深入理解和感受作品

深入理解和感受作品是朗读的重要步骤,朗读者通过领悟、联想、分析、归纳、综合等一系列思维活动,把握文字作品的意义和内涵,体会文字作品的形象和情感。以中小学语文课本为例,中小学语文课本中所选取的文章均为古今中外的文学佳作,均是文字作品的作者对生活体验认识的外化并且呕心沥血创作的思维成果。语文师范生朗读语文课本的过程是一个代作者言,表达作者思想内涵和情感的过程,并通过朗读引发学生理解作者表达的内容,与作者形成情感共鸣的过程。

语文师范生只有深入透彻地理解课文,准确理解课文的思想和情感,把握课文的精神实质,才能在朗读过程中充分发挥主观能动性,通过辨析意义、理解判断和归纳分析等心理活动,全面把握课文的内涵,从而将课文的思想感情变成自己的思想感情,对课文进行再创造,通过朗读达到教学目的。具体来说,语文师范生在朗读过程中深入理解和感受作品可从以下几个方面着手。

(1)仔细揣摩和品味语文课文的语言。语文师范生在备课时,应当充分理解语文课文。而理解课文是从品课文的语言、读懂课文语言开始的,语文师范生只有充分把握课文语言,才能理解课文中所表现的生活和表达的思想。具体来说,语文师范生仔细揣摩和品味语文课文的语言应包含以下几个方面:把握语文课文中词语和句子的含义—划分层次—概括主题—联系背景—明确目的—抓住重点—把握基调。

(2)积极能动地感受作品。语文师范生在朗读过程中,应当透过语文课文的文字及文字之间的相互关系,充分理解课文,把握课文的本质,体味课文的情感。唯有如此,语文师范生才能在朗读中塑造生动、清晰的文学形象。朗读形象的塑造是一种朗读者通过心理、生理和物理三个平面的复杂转化而形成的。

语文师范生只有积极能动地感受作品，跟随作品内容的发展变化而调整自身的思维和情感，并在思想感情的支配下，对气息和共鸣进行控制，使得声音的高低、强弱和长短等呈现出一定的变化，最终塑造出符合课文描述的、情感饱满的文学作品形象。

（3）充分运用联想和想象。联想和想象是人类重要的心理活动，也是一种具有特殊形式的形象思维活动。联想和想象是语文师范生在朗读中充分理解和感受作品内涵的重要桥梁。语文师范生只有充分利用联想和想象，将语文课文中所表达的内容和情感具体化、清晰化，才能唤起自身细腻和生动的情感，从而引发语文师范生的真实感受，才能唤起语文师范生的情绪记忆和类比记忆的参与，使得语文师范生在朗读过程中对语文课文进行再创造，通过有声语言朗读，引导学生理解和感受语文课文的思想感情。

2. 表达作品

在深入理解和感受作品的基础上表达作品是朗读的第二个环节。在上一个环节中，语文师范生已经准确、清晰地了解了语文课文的内涵，明确了语文课文中的情感。在此基础上，语文师范生还需通过一定的朗读技巧来朗读课文（见表4-1），正确、流利、有感情地表达作者的思想。

表4-1 朗读技巧一览表

项目	要求	要点
把握基调	把握并表达语文课文中作者的态度	1. 肯定或否定 2. 严肃或亲切 3. 祈求或命令 4. 客观或直露 5. 坚定或犹豫
	把握并表达语文课文中作者的感情色彩	1. 挚爱或憎恨 2. 悲哀或喜悦 3. 惊惧或欲求 4. 焦急或冷漠 5. 愤怒或疑惑
表达重音	确定语文课文中重音类型，运用恰当的手段表达重音	1. 区分重音的高低强弱 2. 借助快慢停连变化表达重音 3. 通过语气的虚实强调重音

续 表

项目	要求	要点
处理停顿和连音	确定语文课文中的停与连，处理好声音、气息和情感在停连时的关系	1. 把握课文的感情色彩 2. 注重停顿方式的丰富多样、和谐协调
表示语气训练	明确语文课文的感情色彩，并以恰当的语气带动情感的表达	1. 气徐声柔 2. 气足声硬 3. 气沉声缓 4. 气满声高 5. 气粗声重 6. 气提声滞
掌握节奏训练	通过语言节奏的表达和转换，表现语文课文中的情感脉动	通过欲扬先抑，欲抑先扬；欲快先慢，欲慢先快；欲轻先重，欲重先轻等节奏变化表达情感

二、语文师范生朗读能力培养的作用

语文教师应当具备三种口语状态，即日常生活口语、教育教学口语和朗读。其中，朗读属于语文教师教学的基本技能之一。语文师范生作为未来的语文教师，应当重视朗读教学，提升朗读能力和朗读教学水平。语文师范生朗读能力的培养对语文师范生自身及其学生有着极其重要的作用。

（一）朗读能力的培养对语文师范生的影响

朗读能力是语文师范生基本教学能力的重要组成部分，语文师范生朗读能力的培养直接关系着其整体教学能力的提高。

1. 朗读能力的培养有利于提升语文师范生的教材分析能力和理解能力

朗读过程是一个理解—再创造—输出的过程，语文师范生在朗读课文的过程中，必须对课文的思想内涵和所表达的情感进行深入分析，唯有如此，才能准确地把握课文的情感，并在朗读过程中进行再创造。而这一过程有利于语文师范生充分理解课文，有利于提升语文师范生的教材分析能力和理解能力，从而在此基础上更好地进行备课。

2. 朗读能力的培养有利于提升语文师范生的审美水平

朗读是一种将静态的文学艺术转化为富有审美情感的有声语言的一种创造性活动。基于视觉的文字语言转化为听觉的有声表达，使文字语言具有直观的声响。在这一过程中，能够有效训练和培养语文师范生的汉语言文字的理解力和感受力，帮助语文师范生培养正确的思维方式，进一步提升语文师范生的审美情趣，使语文师范生在经典的语言文字中体味善的感动和美的享受，并将其化作内在动力以完善人格。具体来说，朗读过程能够培养语文师范生和谐优美的音乐美、凝练含蓄的语言美、强烈真挚的情感美的审美水平。

（1）和谐优美的音乐审美。朗读是声音的表达，与音乐之美和谐共融。朗读具有较强的节奏感和音乐性，在朗读过程中有利于提升语文师范生的文字鉴赏审美和文章节奏审美。例如，中小学语文课本中收录了大量诗歌。诗歌因具有整齐的句式、平仄的声调、和谐的节奏，而具有一种铿锵悦耳、节奏和谐的韵律美和音乐美。而诗歌中蕴含的音乐美，只有通过朗读，体验诗歌节奏的变化和声调的平仄，才能充分感受和认识诗歌语言的回环往复，一唱三叹的音乐美。

（2）凝练含蓄的语言审美。文学是语言的艺术，能够用语言来塑造鲜明的形象，表达丰富的情感。朗读的过程是通过联想和想象将充满逻辑的文学语言向抽象思维转化的过程。语文师范生在朗读过程中，不仅要充分借助联想和想象理解课文中蕴含的情感，而且要借助联想和想象将语文师范生的情感融入其中，唯有如此，才能有感情地朗读课文，将课文的文字形象转化为清晰的声音形象。而朗读过程中联想和想象思维的锻炼，有利于提升语文师范生对语言的审美，更加深刻地理解文字的表现力和感染力。

（3）强烈真挚的情感审美。文学作品以强烈而真挚的情感创作艺术形象，师范生在朗读过程中可以充分感受到文学作品强烈而真挚的情感，这些情感能够激发语文师范生内心的情感活动，引发语文师范生愉悦的情感体验，从而达到陶冶语文师范生性情，提升其审美情感，使语文师范生获得美的享受，提高语文师范生审美能力的目的。例如，小学六年级语文课本中《闻官军收河南河北》一诗中，作者杜甫听闻官军平叛的消息后不禁惊喜欲狂、手舞足蹈，创作了这首诗歌。在这首诗歌中，作者表达了如醉如狂、难以自禁的欣喜情感。这一情感通过酣畅淋漓的文字感动了千百年来的无数读者。语文师范生在朗读这首诗歌时，只有充分体会诗歌中蕴含的强烈而真挚的喜悦之情，才能在朗读时将这种情感表现出来，并感染学生。

3. 朗读能力的培养有利于丰富语文师范生的教学方法

朗读是语文教学中常用的一种教学方法，在中小学语文教学中使用朗读教学不仅有利于达成中小学生识字与写字和阅读的目标，还有利于激发中小学生的学习兴趣，加深中小学生对课文的理解，培养和提升中小学生的审美能力。因此，从这一视角来看，朗读能力的培养有利于丰富语文师范生的教学方法，提升语文师范生的综合教学能力。

（二）语文师范生朗读能力的培养对中小学生的影响

语文师范生朗读能力的培养能够在中小学教学过程中，对中小学生产生一系列积极影响，主要表现在以下几个方面。

1. 有利于达成中小学生识字的目标

中小学语文教学目标中包括识字、阅读、写作的目标。语文师范生朗读能力的培养和提升，有利于在其走上讲台后，通过朗读教学的手段对中小学生进行引导，激发中小学生对语言文字的学习兴趣，引导中小学生通过朗读达到识字的目标。

2. 有利于促进中小学生的书面阅读能力和写作能力

朗读是一种语言教学手段，朗读以语言作为桥梁，语文师范生朗读能力的培养和提高，使其能够在走上讲台后通过示范朗读与指导朗读，让中小学生体会朗读的魅力。朗读可以将书面语言转换为学生的口头语言，能够在潜移默化中起到规范学生口头语言的作用，有利于达到中小学生的阅读目标。

朗读与写作相辅相成，能够借助语言在二者之间架起互通的桥梁。语文师范生朗读能力的培养和提高，能够使其在走上讲台后对学生进行良好的阅读指导，引导学生在朗读过程中学习和了解课文的谋篇布局，充分感受课文中蕴含的思想感情，促进中小学生阅读和写作目标的达成。

3. 有利于引导中小学生加深对课文的理解

语文师范生朗读能力的培养和提升，有利于其走上讲台后充分运用一定的朗读技巧，有感情地朗读课文。通过语文师范生的示范朗读，能够引导中小学生理解句子的停顿和重音，引导中小学生加深对课文的理解，并通过语文师范生朗读时的情感，理解课文的重点及其传达的感情。

4. 有利于创设良好的课堂教学环境

语文教学的关键在于通过创设良好的课堂教学环境，引导学生沉浸在课堂环境中，并从中感悟课文的中心思想和课文中蕴含的情感。朗读能够与音乐、图片等教学素材相结合，为学生创设良好的课堂教学环境。例如，在部编版小学语文课文《黄河的主人》一文中，语文师范生可以借助朗读与音乐营造独特的课堂氛围，引导中小学生跟随朗读创设的情境充分感受课文中情感的起伏，理解课文的中心思想。

5. 有利于培养中小学生的审美能力

语文师范生朗读能力的培养和提高，使得语文师范生走上讲台后，借助语言的节奏和韵律之美、抑扬顿挫的语调、轻重缓急的语速以及字里行间的回环往复，展现出语言文字中蕴藏的和谐音乐美。此外，语文师范生走上讲台后，通过朗读还可以唤起中小学生丰富的想象和立体感受。通过朗读教学，引导中小学生用心灵拥抱语言，借助抑扬顿挫的语言呈现出的独特诗意，为学生营造如临其境的审美感受，培养中小学生的语言审美能力，感受字里行间塑造的形象之美，以及文字中蕴含的情感之美。在此基础上，语文师范生还可以引导学生通过朗读充分地感受美，正确地鉴赏美，准确地创造美。

三、顶岗实习模式下语文师范生朗读能力培养的路径

语文师范生朗读能力的培养根据教育阶段可以划分为毕业前培养和毕业后培养两个阶段。其中，毕业前培养又可细分为实习阶段培养和非实习阶段培养两个阶段。实习阶段培养主要指实习期间语文师范生朗读能力的培养；非实习阶段培养在这里主要指师范生在师范院校求学期间朗读能力的培养。

语文教学是语言、文学、文化等综合知识的教学过程，是训练学生母语听说读写等各方面综合能力的有效手段，在培养学生语感、促进思考、激发学习兴趣、增强表达能力等方面起着极其重要的作用。师范院校在对语文师范生进行培养时，极其重视语文师范生的教育技能实训，其中便包含师范生朗读能力的培养。

现阶段，语文师范生朗读能力的培养大多被纳入师范院校普通话技能培养的范畴。近年来，一些师范院校除了在课堂上对语文师范生的朗读技能进行训练之外，还通过开展校园朗读大赛的形式培养师范生的朗读能力。例如，Z师范大学十分重视师范生的教学技能训练。每年通过举办教学技能大赛的方式，引导学生争优创先，其中就包括普通话朗读大赛。

除了师范院校的朗读能力培养之外，语文师范生在实习期间还可获得较为全面和实用的朗读能力培养。与师范院校内部的朗读能力培养不同，在实习期间，语文师范生的朗读能力培养具有更强的实践性和针对性，对培养和提升语文师范生朗读能力起着极其重要的作用。顶岗实习模式下语文师范生朗读能力的培养应从以下几个方面着手。

（一）善用实习指导，加强对语文师范生朗读能力的培养

在顶岗实习模式下，实习指导老师在语文师范生教学能力培养中起着极

其重要的作用。针对语文师范生朗读能力的培养，应当充分发挥实习指导老师的作用。

实习指导老师可针对语文师范生朗读能力的培养制定较为详细和具体的指导和训练计划，通过听课、评课、备课以及课堂实践等环节对语文师范生的朗读能力进行有针对性的培养，从而达到提升语文师范生朗读能力的目的。具体来说，可从以下几个方面着手。

（1）明确语文师范生实习期间的朗读能力的培养目标，并通过层层递进的方式，逐渐提高语文师范生的朗读能力。

（2）突出语文师范生朗读能力培养的重点，针对语文师范生朗读能力训练的实践性不足、针对性不强的特点，着重培养语文师范生的朗读技巧，并在教学实践中培养和提升语文师范生的教学能力。

（二）巧用实习教研活动，加强对语文师范生朗读能力的培养

顶岗实习期间，语文师范生需要全面融入实习学校的各项工作之中。语文教研活动是中小学进行语文学科教学研究的基本形式，大多是以学校或年级为单位进行，全校或全年级一线语文教师集体参加的活动。不同学校的教研活动组织方式不尽相同。

一般而言，在学期伊始，学校的语文组需结合本学校的教学实践做好教研计划，确定教研主题。针对语文师范生朗读能力的培养，实习学校可以将朗读教学纳入学期教研活动之中，借助丰富的教研活动培养和提升语文师范生的朗读能力。例如，组织年级评课活动，重点对教师的朗读教学实践进行评价；组织朗读教学教研会，围绕朗读教学的重点、难点、方法等进行研讨，在此过程中有针对性地解决语文师范生关于阅读教学的相关疑问，有针对性地提升语文师范生的朗读能力和朗读教学能力。又如，组织该校语文师范生朗读大赛或朗读教学大赛，由经验丰富的一线语文教师作为评委，针对语文师范生暴露出的问题进行重点分析和培养，从而达到提升语文师范生朗读能力的目的。

（三）活用实习反馈，加强对语文师范生朗读能力的培养

顶岗实习期间，语文师范生作为准教师或正式教师，承担着一定的教学任务。在教学实践期间，可以通过活用实习反馈的方式加强对语文师范生朗读能力的培养。

（1）通过听评课方式，借助实习指导教师和其他语文师范生的评价，引导语文师范生正确认识和反思自身的朗读能力，并有意识、有方向地针对不足之处进行弥补和锻炼，从而达到提升语文师范生朗读能力的目的。

（2）通过学生对语文师范生朗读指导的反馈，引导语文师范生意识到朗读教学中的不足之处，从而为语文师范生朗读能力的提升奠定基础。

（四）充分利用实习评价，加强对语文师范生朗读能力的培养

实习评价是对语文师范生在顶岗实习期间整体表现的评价，其中包括师范生教学能力的评价。将朗读能力纳入语文师范生顶岗实习评价体系，有利于引发语文师范生对朗读能力的重视，并且激发语文师范生积极、主动学习和提高朗读能力的意识，推动语文师范生朗读能力的提高。

综上所述，朗读能力是语文师范生教学能力中的基础构成之一，在语文师范生教学实践中起着极其重要的作用。顶岗实习为语文师范生朗读能力的培养提供了良好的机遇。在语文师范生顶岗实习期间，充分发挥实习指导教师的作用，利用教研活动、实习反馈和实习评价等途径，加强语文师范生朗读能力的培养和提升。

第二节　语文师范生听评能力的培养

听评能力是语文师范生教学能力的重要组成部分，也是语文师范生必须具备的一项基本功。教学活动，既是一门严谨的科学，同时又是师生共同协作达成教学目标的艺术，是一门实践性较强的活动。语文师范生只有经过不断地实践和探索，在实践中总结教学规律，建立一套适合自身的教学信息反馈体系，才能逐渐优化教学实践。语文师范生的听评能力是构建教学信息反馈体系的重要途径。

一、语文师范生听评能力概述

语文师范生的听评能力是指语文师范生的听课能力和评课听力。听评课是由听课及评课两个活动构成，这两个活动之间存在顺承关系。其中，听课是指听评课者走进实际课堂并作为倾听者深入其中，以捕捉特定教学情境中讲课者对教学元素进行处理的行为活动。而评课则是发生在听课结束之后，听评课者对讲课者的讲课行为、课堂教学成败得失进行评议的活动。

（一）听课

听课是指语文师范生或语文教师、语文研究者通过借助自身的感官和记录本、录音录像设备等辅助工具，直接或间接地从具体课堂教学情境中获取相关的信息资料，从感性到理性的一种学习、评价和研究的教育教学方法。[①]

听课是各级各类学校教学管理的常规性活动，能够起到了解师生教学活动、交流教学经验、研究教材教法的重要作用。听课能力是语文师范生未来走上语文教师工作岗位后的一项必备技能。

根据听课的目的，可以将听课活动划分为四种类型（见表4-2）。

表4-2 听课活动类型及特点

类型	含义	特点
学习取经型听课	了解他人或其他学校教学理念、教学方法，用以提高自身教学水平	1. 树立虚心学习的态度 2. 在听课过程中时刻保持认真观察 3. 正确对待所听教学课程的得失
帮助指导型听课	发现授课教师课堂教学不足，并寻找造成不足的原因，帮助授课教师改进教学方法	1. 明确听课目的 2. 保持诚恳的听课态度 3. 听课者的听课范围应包括备课、授课、布置和批改作业、课外辅导等全过程
考查考核型听课	对授课教师业务能力进行考核，以作为评选优质课、晋级考核、职称评定考核的标准	根据有关要求及标准对教学活动的各环节进行客观、公正的评价
总结推广型听课	对授课教师的教学经验进行推广，促进授课教师教学能力的进一步提升	1. 善于发现授课教师教学经验中的典型特点并推而广之 2. 帮助授课教师总结经验，引导授课教师的经验更趋完美 3. 注重确定授课教师经验的方向 4. 注意保持听课的完整性，并注意引导授课教师进一步认识、分析、总结其教学经验，提高其教学经验的典型性、系统性和适用性
调查研究型听课	上级主管部门或实习指导教师对学校工作或实习生教学情况进行的，以调查研究为目的的听课	1. 针对性强 2. 涉及面广 3. 形式灵活多变

---

① 黄玉新. 新课程下师范生教学技能应用指导 [M]. 银川：阳光出版社，2018：266.

续 表

类型	含义	特点
检查评估型听课	检查学校教师或师范生执行课程标准情况，了解学校教师或师范生教学思想、教学态度、教学方法和学生学习情况	1. 形式较为单一 2. 多使用抽查形式 3. 具有较强的集中考查特点

听课活动并不是一项单纯的"听"的过程，而是一项具有较高强度的脑力和体力劳动，需要讲究一定的方法和技巧。语文师范生在听课时应注意将"听""看""想"结合起来。

1. "听"

语文师范生在听课过程中应重视"听"的四方面内容，即听教学过程、听教学语言、听教师的教学思维、听学生的回答。

（1）听教学过程。语文师范生在听课过程中应当重点听教师上课的每一个环节。例如，听教师如何带领学生复习旧知识，如何导入新知识，如何结尾，如何处理重点和难点，以及教学目标是否达成，详略安排是否得当。

（2）听教学语言。语文教学活动中教师对学生的引导、教师与学生之间的交流、学生回答问题均以语言作为媒介。语文师范生在听课过程中应重点听教师的教学语言，判断教师的教学语言是否科学准确、生动有趣，富于感染性和激励性，课堂引导是否到位，课堂应变是否及时、合理。

（3）听教师的教学思维。语文师范生在听课过程中，还应重点听教师的教学思维安排，通过教师如何设置问题、如何组织课堂讨论、如何选择合适的教学方法等，透视教师的教学思维。

（4）听学生的回答。通过听学生如何回答问题、讨论问题以及提出问题，可以判断学生课堂知识的吸收效果以及课堂教学目标是否达成。

2. "看"

语文师范生在听课时还应通过视觉感受观察教学效果。

（1）看教师的教学状态和教学效果。

（2）看学生的学习状态和学习效果。

3. "想"

语文师范生在听课过程中不仅要"听"和"看"，还要"想"，通过深入思考，透过现象看本质，了解真实的教学效果。

顶岗实习模式下语文师范生听课大多属于学习型听课，其听课步骤及内容见表4-3。

表4-3 顶岗实习模式下语文师范生听课步骤及内容

序号	步骤	内容
1	做好听课前准备	对所听课程进行详细了解，包括教学进度、教学内容、教学目标、教学重难点等，结合语文师范生自身的教学设想和困惑有针对性地听课
2	及时转换听课角色	1. 以学生角色听课，结合学生的认知水平对教学过程进行反思 2. 以教师角色听课，设身处地关注课堂教学目标、课堂设计，对比自身与授课教师在课堂设计上的区别，明确自身不足及需要提升的方向 3. 以学习者角色听课，在听课过程中有意识地发现授课教师的长处，以达到取长补短的目的
3	认真关注和学习授课技巧	1. 关注课文知识点 2. 关注课文中的重点与难点 3. 关注学生的兴趣点或疑惑之处 4. 关注和发现课堂亮点 5. 关注和学习板书设计 6. 关注课堂知识的导入与小结

（二）评课

评课是指听课者结合课堂教学目标、教学效果以及教学各要素及其发展变化而进行的价值判断活动。

1. 评课的内容

评课的内容包括教学思想评价、教学态度评价、教学目标评价、教学程序评价、教学方法和教学手段评价、教师基本素养评价、学法指导评价、能力培养评价、师生关系评价、教学效果评价等。

（1）教学思想评价。教学思想是教学行为的灵魂及主宰，也是教学价值观的重要体现。语文师范生在评课过程中应当透过授课教师的教学行为，关注授课教师的教学思想，并对授课教师的教学思想进行评价。

（2）教学态度评价。教学态度决定着授课教师教学行为的努力程度，教学态度的严谨与否，直接反映授课教师责任心的强弱。语文师范生在评课过程中应当对授课教师的教学态度进行评价。例如，授课教师对教材、学情的把握是否准确；授课教师的课前准备是否充分。

（3）教学目标评价。教学目标是教学活动的出发点和归宿，教学目标的制定直接关系着教学质量，是评价和衡量课程质量的重要指标。教学目标的评价可以从以下几个方面体现出来。

其一，教学目标的制订是否全面、具体、适宜。
其二，教学目标的达成效果。
其三，教材的组织和处理效果。

（4）教学程序评价。教学目标的实现需要依托一定的教学程序，因此语文师范生应将教学程序评价纳入教学评价范畴。教学程序评价主要包括以下两个方面。

其一，教学思路设计是否合理。教学思路设计与教学内容和学生水平是否契合，课堂运作效果如何。

其二，课堂结构安排是否合理。教学结构安排可从教学环节的时间分配是否合理、教师活动与学生活动的时间分配是否合理、学生个人活动时间与学生集体活动时间分配是否合理、不同学习程度的学生的活动时间分配是否合理、非教学时间安排是否合理等方面体现出来。

（5）教学方法和教学手段评价。教学方法和教学手段是达成教学目标不可或缺的因素，也是教学评价的主要内容。教学方法和教学手段评价应从以下几个方面体现出来。

其一，教学方法和教学手段的选择是否得当。
其二，教学方法和教学手段的种类是否丰富。
其三，教学方法和教学手段是否具有创新性。
其四，现代教学手段的运用程度。

（6）教师基本素养评价。教师的教学基本素养直接关系着教师的教学效果。因此，教师基本素养评价是教师课程评价的重要组成部分。语文师范生在对授课教师的基本素养进行评价时，应从以下几个方面着手，即板书、教态、教学语言、教具使用的熟练程度等。

（7）学法指导评价。语文师范生在进行评课时，应重点关注学法指导的目的要求是否明确，学法指导的内容是否熟悉，并付诸实践。

（8）能力培养评价。语文师范生在进行评课时，应当从学生能力培养的角度对授课教师的教学进行评价。具体包括授课教师能否为学生创设良好的问题情境，强化问题意识，激发学生的求知欲，挖掘学生的潜能，培养学生良好的思维习惯和思维能力，培养学生多角度解决问题的能力。

（9）师生关系评价。师生关系直接关系着师生课堂互动的效果和教学效果。因此，师生关系评价属于评课的重要内容。语文师范生在评课中应关注师生关系评价，从授课教师是否尊重学生在课堂教学活动中的主体地位，授课教师能否创设宽松民主的课堂教学氛围等方面对师生关系进行评价。

（10）教学效果评价。课堂教学效果是评价课堂教学的重要内容和依据。语文师范生在对课堂教学效果进行评价时应从教学效率、学生受益面、课堂时间的有效利用等方面着手。

2. 评课的原则

课堂评价应以提高教师的业务素质和课堂教学水平为目的，遵循一定的评课原则。

（1）评课应坚持激励性原则。评课的目的和功能存在一定的区别，然而其终极目的是检验授课教师的授课成果，因此评课应坚持激励性原则，善于发现教师教学过程中的闪光点，调动和激发教师教学的积极性、主动性和创造性，从而使授课教师获得较为真实的反馈，从评课中获得启发和成长。

（2）评课应坚持针对性原则。评课是一种交流研讨式的活动，有着明确的目的。在评课过程中，应坚持针对性原则，抓住课堂教学的关键和要害，进行有针对性的评价，以达到评课的目的。

（3）评课应坚持客观性原则。教学活动是一项实践性较强的活动，也是一门独特的艺术。课堂教学没有最好，只有更好。因此，语文师范生在评课过程中，应紧扣教育教学规律，坚持客观性原则。既要发现授课教师的长处和优点，也不应忽略课堂教学中暴露出来的不足。对优点不拔高，对不足不挑剔。评课的过程是授课教师与听课教师相互学习借鉴的良机，只有坚持客观性原则，评课才能达到客观公正、实事求是的目的。

（4）评课应坚持层次性原则。评课的功能不同，其评课的要求也应区分一定层次。例如，对待工作多年的一线骨干教师的评课标准与语文师范生的评课标准应加以区别，以保护语文师范生的主动性和积极性。随着语文师范生教学实践经验的增强，逐步提高语文师范生的评课标准。

（5）评课应坚持及时性原则。评课一般在听课结束后不久举行，此时，参与听课的教师和语文师范生对授课教师的课堂教学细节记忆清晰。否则，如果搁置的时间过长，听课者就会遗忘课堂教学细节，无法达到评课效果和共同提高的目的。从这一视角来看，评课应坚持及时性原则。

成功的评课不仅能够帮助授课教师和听课教师更好地理解教学，正确认识教学环节和各要素之间的关系和联系，还可以引发更多的讨论和思考，达到具有普遍意义的教学指导思想，从而实现共同提高教研效果，促进教师专业成长的目的。

（6）评课应坚持创新性原则。教学有法，教无定法。评课应在遵循一定标准的前提下，充分考虑教师、学生、学科以及教学条件等方面的特点，既要体现课堂教学的一般特征,也要提供创新,鼓励个性化教学,激励授课教师教学理念和教学方法的创新。

二、语文师范生听评能力培养的作用

听评课是语文师范生教学能力培养的重要途径,语文师范生听评课能力的培养在语文师范生教育教学中起着极其重要的作用。

听评课活动是语文教学的基本活动,听评课能力是语文师范生的基本教学能力。在听评课过程中,语文师范生通过认识听课、评课环节,能够充分锻炼语文师范生的综合教学能力。

(一)听评课能力培养有利于提升语文师范生的教学观察能力

在听评课过程中,语文师范生不仅站在学生的视角对授课教师的授课行为进行观察,而且站在教师的视角对学生的表现和状态进行观察,此外,还站在教育者的高度对整个课堂教学的过程和效果进行观察。因此,在听课过程中,语文师范生应不断转换角色,抓住课堂教学的重点和难点进行观察和思考,在培养师范生听评课能力的同时,提升语文师范生的教学观察能力。

(二)听评课能力培养有利于提升语文师范生的教学反思能力

在听评课过程中,语文师范生可以通过授课教师的授课环节反思授课教师的教学思路;通过听课过程中对师生互动的观察,思考教学过程中良好、和谐的师生关系的建立。此外,在评课环节,语文师范生通过倾听他人对授课教师课堂教学的评价,可以发现听课过程中遗漏的细节,从课程改革的角度对课堂教学进行反思,从而达到提升语文师范生教学反思能力的目的。

(三)听评课能力培养有利于提升语文师范生教学实践能力

在听评课活动中,语文师范生带着一定的目的和任务去听课,通过听授课教师的语言、问题设计、学生回答、师生互动、板书设计、教姿教态以及其他教师的反映,能够引导和帮助语文师范生明确教学各环节如何处理,授课教师应当如何保持规范、合理、大方的教学语言和教学行为。在评课环节,语文师范生还可借助评课的机会,对授课者的课堂教学过程进行反思,学习授课教师教学中的有益经验,针对授课教师教学过程中暴露出来的问题及时自检,引以为戒。例如,在听课活动中,语文师范生作为刚刚从师范院校毕业,走上实习岗位,缺乏大量教学实践的准教师或新教师,往往在听课活动中无法抓住重点。而听评课能力的培养，有利于引导语文师范生在听课过程中科学合理地进行角色转变，有效抓住课堂活动的重点，理性分析授课教师的教学思路，从中获得有益的经验。又如在评课活动中，语文师范生可以通过其他有经验的教师对授课教师的评价，明确其他教师关注的课堂教学重点，从而在教学实践过程中进行有益借鉴或避免典型问题，达到提升语文师范生教学实践能力的目的。

三、顶岗实习模式下语文师范生听评能力培养的路径

顶岗实习模式让语文师范生走出师范院校，走进中小学一线教育基地，为语文师范生提供了大量听评课的机会，有利于培养和提升语文师范生的听评能力。顶岗实习模式下语文师范生听评能力的培养应从以下几方面着手。

（一）利用听评课专题讲座，培养语文师范生的听评课能力

语文师范生听评课能力的培养是一项系统工程，既需要较强的理论知识培养，又需要在大量实践中培养。听评课专题讲座是以讲座的形式开展的语文师范生听评课理论培养，以帮助和引导语文师范生明确听评课所需的知识，建立听评课内容的知识框架。

语文师范生听评课专题讲座内容包含听评课知识和中小学语文教材的解读与分析。

1. 听评课知识

听评课知识包括听评课的意义、听评课活动的构成环节、课堂观察框架、听评课的方法和注意事项、有效听评课的技术手段和工具、一节好课的评定标准等。

听评课理论知识的培养，有利于语文师范生充分了解听评课的意义，合理利用听评课的课堂观察框架和有效手段与工具，结合课堂教学目的、标准、学情等科学、合理地判断一节课的优劣。听评课知识是听评课能力构建的基础，只有充分了解听评课的知识，建立听评课的知识框架，才能更好地培养和提升语文师范生的听评课能力。

2. 中小学语文教材的解读与分析

听评课专题讲座中的中小学语文教材的解读与分析包括现行中小学语文教材的编排意图与特色、中小学语文教材的知识结构、教学内容、课时安排、教学重难点、教学监控、学生评价等内容。

中小学语文教材是根据中小学各阶段学生的认知规律和学习规律有序编排的，语文师范生在顶岗实习中只有充分理解中小学语文教材，才能在听评课

过程中有的放矢，增强针对性，抓住重难点，提升听评课的效果，培养语文师范生的听评课能力。

（二）善用听评课课前会议，培养语文师范生的听评课能力

听评课课前会议是指在正式进行听评课活动之前召开的专门会议，该会议的目的是为授课教师和听评课教师搭建沟通与交流的平台。会议内容主要包括授课教师对所授课班级的课情、学情进行介绍，明确授课的具体内容、学生情况、教学重难点、教学程序、教学中的创新与困惑等。这些内容的介绍，有利于听评课教师和语文师范生明确听评课的重点，并对听评课的任务进行分解和分工，以及选用、设计科学的听评课工具。

听评课课前会议虽然具有其明确的目的，然而在听评课课前会议中，一线教师或实习指导教师可以根据该校顶岗实习语文师范生的听评课水平，对语文师范生进行有针对性的培训，引导语文师范生了解其在听评课中扮演的角色，帮助语文师范生明确听评课的注意事项，从而达到培养和提升语文师范生听评课能力的目的。

（三）借助现代化记录工具，培养语文师范生的听评课能力

听课是听评课活动的重要环节，也是培养语文师范生听评课能力的重要活动之一。在听课过程中，要求语文师范生从多个视角对课堂教学进行观察，包括教师视角、学生视角、教育者视角等。语文师范生由于课堂教学实践经验缺乏，在听课过程中可能会出现无法及时转化视角，或对课堂教学过程观察不仔细的情况。

在听课过程中借助现代化记录工具，对授课过程和评课过程进行记录，有利于语文师范生在听评课活动结束后，通过观察笔录、录音或摄像重放、课堂照片等记录材料，重新从不同角度对课堂教学活动进行反思，从中获得听评课经验，从而达到培养语文师范生听评课能力的目的。

在语文师范生顶岗实习过程中，实习指导教师可以借助听课成员的笔录、课堂实况录音或录像、课堂抓拍的照片等记录材料，有针对性地评价课堂教学情况，培养语文师范生从各角度观察和反思课堂教学能力，培养语文师范生的听评课能力。

（四）重视听评课课后会议，培养语文师范生听评课能力

听评课课后会议是在听评课活动结束后召开的会议，主要目的是对听评课活动开展情况的总结，明确听评课活动的效果，并针对听评课活动中反映出

来的客观现象提出建议。

在顶岗实习活动中，实习指导教师应重视听评课课后会议，借助听评课课后会议中授课教师的反思报告、语文师范生的观察报告，从教学目标达成、主要教学行为的有效性、教学的预设与生成、教学监控以及听评课语文师范生的收获及注意事项等方面，有意识地培养语文师范生的听评课能力。

综上所述，听评课活动是语文教学的重要活动之一，听评课能力是语文师范生教学能力的重要组成部分，在培养和提升语文师范生综合教学能力中起着极其重要的作用。语文师范生听评课能力在顶岗实习中能够得到有效培养，具体可通过听评课专题讲座、听评课课前会议、听评课课后会议以及借助现代化记录工具来实现。

第三节　语文师范生书写能力的培养

书写能力是师范生走上教师岗位后的必备技能，也是中小学语文教师必备的素质。本书所指的语文师范生的书写能力包括"三笔字"书写能力和写作能力两个方面。语文师范生书写能力的培养是语文师范生教学能力的重要组成部分，本节主要对语文师范生书写能力的培养进行探索。

一、语文师范生"三笔字"能力培养的意义

语文师范生"三笔字"能力培养对语文师范生未来的教师职业生涯起着极其重要的影响。

（一）有利于传承我国汉语言文字文化

语言既是一种结构系统，又是一种社会文化现象。语言与文化之间存在相互影响、共存共变的紧密关系。一方面，语言是文化的重要组成部分和重要载体。语言记录、反映和表现着文化信息及其兴衰，是文化传播和文化传承中不可或缺的重要工具；另一方面，文化是语言的发展动力。文化是语言的内容和底色，赋予了语言以丰富而深厚的内涵。

中华民族有着数千年的传承史，数千年间形成了无数优秀文化，汉语言文字文化即是中华优秀传统文化中的一颗璀璨明珠。同时，汉语言文字还是中华民族优秀传统文化中不可或缺的载体。汉语言文字文化源远流长、博大精深，具有精练、简洁、朴素、高雅的特点，在世界语言文化中独树一帜。

语文师范生作为未来的教师,是我国教育战线的中坚力量。语文师范生应当且必须了解我国关于汉语言文字方面的规定与要求,在加强专业学科知识和教育理论知识学习的同时,加强汉语言文字综合素养。语文师范生的汉语言文字综合素养表现在规范汉字、"三笔字"书写技能和书面表达三个方面。对此,我国国务院、教育部等有关部门,出台了一系列法律法规,加强对师范生汉语言文字综合素养的培养。只有不断提升师范生,尤其是语文师范生的"三笔字"能力,才能使其走上语文教师的岗位后充分发挥教师的示范作用,通过汉语言文字的书写和教学,引导中小学生了解、认识和热爱汉语言文字文化,提升中小学生传承和传播汉语言文字文化的主动性和积极性。

(二)有利于提升语文师范生的教学素养

中华人民共和国成立以来,我国有关部门十分重视培养和提升中小学生的综合素养。2013年,教育部颁布的《中小学书法教育指导纲要》规定,自2013年春季开始,书法教育将纳入中小学教学体系,学生将分年龄、分阶段地学习书法,并明确规定了不同阶段的学生学习书法的目标与内容(见表4-4)。

表4-4 中小学书法教育的目标与内容

	硬笔学习的目标与内容
总目标	1.掌握执笔要领,书写姿势正确,不急不躁,专心致志 2.学习正确的运笔方法,逐步体会起笔、行笔、收笔的运笔感觉,逐步感受硬笔书写中的力度、速度变化,逐步体会铅笔、钢笔书写的特点 3.养成"提笔就是练字时"的习惯 4.懂得爱惜文具
小学	1.小学低年级学习用铅笔书写正楷字,掌握汉字的基本笔画、常用的偏旁部首和基本的笔顺规则;会借助习字格把握字的笔画和间架结构,书写力求规范、端正、整洁,初步感受汉字的形体美 2.小学中年级开始学习使用钢笔,能用钢笔熟练地书写正楷字,做到平正、匀称,力求美观,逐步提高书写速度 3.小学高年级,运用横线格进行成篇书写练习时,力求行款整齐、美观,有一定速度,有兴趣的学生可以尝试用硬笔学写规范、通行的行楷字
初中	学写规范、通行的行楷字
高中	学习用硬笔书写行书,力求美观

毛笔学习的目标与内容		
小学	小学 3~4 年级	1. 掌握毛笔的执笔要领和正确的书写姿势，了解笔、墨、纸、砚等常用书写用具的常识，学会正确使用与护理，注意保持书写环境的整洁 2. 学习用毛笔临摹楷书字帖，掌握临摹的基本方法，学会楷书基本笔画的写法，初步掌握起笔、行笔、收笔的基本方法，注意利用习字格把握字的笔画和间架结构 3. 开始接触楷书经典碑帖，获得初步的感性认识，尝试集字练习
	小学 5~6 年级	1. 继续用毛笔写楷书，比较熟练地掌握毛笔运笔方法，能体会提按、力度、节奏等变化，借助习字格，较好地把握笔画之间、部件之间的位置关系，逐步做到笔画规范、结构匀称、端正美观，保持正确的书写姿势和良好的书写习惯 2. 尝试临摹楷书经典碑帖，体会其书写特点，逐步提高临摹能力，在临摹或其他书写活动中，养成先动笔、再动手的习惯 3. 学习欣赏书法作品，了解条幅、斗方、楹联等常见的书法作品幅式，留意书法在社会生活中的应用，通过欣赏经典碑帖，初识篆、隶、草、楷、行五种字体，了解字体的大致演变过程，初步感受不同字体的美 4. 有初步的书法应用意识，喜欢在学习和生活中运用自己的书写技能
初中		1. 继续用毛笔临摹楷书经典碑帖，力求准确，有兴趣的学生可以尝试学习隶书、行书等其他字体，了解篆刻常识 2. 了解一些最具代表性的书法家和作品，学习从笔画、结构、章法以及内涵等方面欣赏书法作品，初步感受书法之美，尝试与他人交流欣赏的心得体会 3. 愿意在班级、学校、社区活动及家庭生活中积极运用自己的书写技能
高中		1. 巩固提高义务教育阶段书法学习成果，继续用毛笔临摹经典碑帖 2. 结合语文、历史、美术、艺术等相关学科的学习，认识中国书法的丰富内涵和文化价值，提升文化修养 3. 可以通过书法选修课深入学习，发展特长，尝试书法作品的创作

从表 4-4 中可以看出，书法教育是我国中小学生教育的重要组成部分。语文教师作为汉语言文字文化的主要教育人员，承担着培养和提高中小学生书法素养的重要职责，而语文教师自身的"三笔字"能力则对中小学生的书法教育起着潜移默化的作用。因此，从中小学生书法教育的视角来看，语文师范生

"三笔字"能力的培养和提升，有利于提升语文师范生的总体教学素养，使语文师范生适应中小学教育教学的要求。

（三）有利于提升语文师范生的综合素养培养

语文师范生"三笔字"能力的培养，必须立足于汉字结构，并以经典的书法审美理论、技法理论作为依托。汉字具有独特的造字方法，汉字的造字和书写必须遵循一定的结构和规律，才能达到书写美观的要求。

语文师范生"三笔字"能力的培养是一个长期的过程，并非一朝一夕可以功成，而是要求语文师范生具有坚韧的毅力和持久力，通过日复一日的不断练习，才能写好"三笔字"。从这一视角来看，语文师范生"三笔字"能力的培养还有利于锻炼语文师范生的耐心和毅力。

汉字是一种象形文字，具有较强的表意功能。例如，汉字的结构、功能既受中国传统文化思维的影响，同时又对中国传统文化的思维起着极其重要的作用。语文师范生在培养"三笔字"能力时，需要对汉字的字形、结构进行仔细观察，有利于锻炼语文师范生的观察能力。此外，汉字结构中蕴含着丰富的中国传统文化。以汉字字形为例，汉字结构可以划分为平衡对称性结构和二维方块式结构两种类型。汉字的平衡对称性结构具体又可划分为上下部件对称结构、左右部件对称结构、内外部件对称结构、部分部件对称结构、多层重叠对称结构等。汉字的二维方块式结构则受到中国传统文化中辩证思维的影响较大。例如，儒家思想倡导"中和"之美，将平衡方正作为最高审美理想。汉字中每个单位的形体均为独立统一的，被限定在正方形的格局中，由于没有外来因素的干扰，为汉字结构的视觉审美提供了前提条件。二维方块式结构的汉字在书写时纵有行、横有列，排列有序，体现出对称、公允、协调一致的严整、划一之美，符合中国传统文化中的平和、中庸、和谐的审美风格与辩证思维的特点。语文师范生在进行"三笔字"能力的培养时，可以加深语文师范生对中国传统文化知识的了解，有利于提升语文师范生的传统文化素养。

（四）有利于提升语文师范生的审美素养

语文师范生"三笔字"能力的培养，不仅具有实用功能，而且能够提升语文师范生的审美水平。

无论是硬笔字还是毛笔字，均具有较强的艺术审美功能，具体体现在点画之美、结构之美、韵律之美、意境之美等方面，语文师范生"三笔字"能力的培养，能够全面提升语文师范生的审美素养。

第四章 协同育人视阈下语文师范生基本教学能力的培养

1. 引导语文师范生充分感受汉语言文字的点画之美

汉语言文字的笔画由点、横、竖、撇、捺、提作为基础，又可细分为多种笔画，在具体书写时应当遵循一定的规律。例如，先横后竖、先撇后捺、从上到下、从左到右、从外到内、先里头后封口以及先中间后两边的顺序（见表4-5）。

表4-5　汉字笔画示意表

笔画	名称	例字	笔画	名称	例字
丶	点	六	㇄	竖提	民
一	横	十	㇀	横钩	农
丨	竖	中	㇆	横折	口
丿	撇	八	㇅	横折钩	月
㇏	捺	人	㇇	横撇	水
㇀	提	虫	㇟	撇折	去
亅	竖钩	小	㇂	撇点	好
乚	弯钩	子	㇉	横折弯钩	九
㇂	斜钩	我	㇊	竖折	山
㇃	卧钩	心	㇌	竖折折钩	马
㇄	竖弯	四	㇋	横折折撇	边
㇗	竖弯钩	儿	㇍	横撇弯钩	那
㇛	横折提	话	㇎	横折折折钩	奶
㇠	横折弯	船	㇘	竖折撇	专

语文师范生"三笔字"的书写技巧并非单纯的、枯燥的练习，而是对中国汉字书写规律的把握。语文师范生"三笔字"能力的培养并非一种单纯的因循与复制，而是一种合规律性的教育。语文师范生对汉字书写规律的把握过程，实质上是语文师范生视觉审美不断觉醒，充分体会汉语言文字点画之美的

111

过程。由此可见，语文师范生"三笔字"能力的培养，在潜移默化中提升了语文师范生汉语言文字点画结构审美意识的觉醒。

2. 引导语文师范生充分感受汉语言文字的结构之美

汉语言文字的结构整体上呈现出方正的特点，然而就具体汉字结构而言，则呈现出俯仰、转侧、向背、参差等多种规律，笔画之间相互组合，造成不同角度、方向而形成不同的字势。汉语言文字的结构特点使其具有一种独特的文化韵味。每个人对文字结构的理解不同，所书写的字体则会呈现出不同的韵味。例如，颜真卿的楷书外紧内松，呈现出雄劲宽厚之美；柳公权的书法则是外松内紧，呈现出挺拔俊秀之美，正所谓"字如其人"。不同语文师范生对汉语言文字结构之美的体悟不同，其所书写的文字形象也不尽相同。由此可见，语文师范生"三笔字"能力的培养有利于引导语文师范生充分感受汉语言文字的结构之美。

3. 引导语文师范生充分感受汉语言文字的意境之美

语文师范生"三笔字"能力的培养包含硬笔书法和毛笔书法的培养，具体又可细分为点画、线条、结构、形态、行气、章法等内容。以毛笔书法培养为例，毛笔书写过程中的轻重、粗细、缓急、疏密、正侧、大小、方圆、枯湿等变化，始终统一在一个完整的视觉表象中，并通过书写者的情感和情绪的把握以及气息的训练，在书法中融入书写者的情感波动，使之与书写的韵律美相得益彰，彰显了毛笔字书写独特的审美意境，有利于提升语文师范生的书法意境审美。

除以上几个方面之外，语文师范生"三笔字"能力的培养还有利于提升语文师范生作为准语文教师的形象，赢得学生的尊重。

二、师范院校语文师范生"三笔字"能力培养的途径

近年来，为落实教育部《关于中小学开展书法教育的意见》《中小学书法教育指导纲要》等文件精神，持续推进我国师范院校课程改革，越来越多的师范院校加强了师范生的"三笔字"教育。例如，J师范大学于2021年发布了《2021级公费师范生三笔字常态化养成教育活动的通知》，其中要求2021级公费师范生坚持每日书写毛笔字不少于10个，粉笔字不少于20个，钢笔字不少于150个；每周举行一次书法辅导活动，每次活动由书法助教带领进行，各班级纪检委员对本班进行考勤，并将考勤情况汇报给书法助教，书法助教再汇总给考勤人员。正式开展活动时，由书法助教先进行示范讲解，之后辅导学生进行自主训练；每月举行一次"三笔字"展览活动，要求每班以10人为一

组，以组为单位收集组员本月代表性的训练作品，以班级为单位将作品打包发送给书法助教，书法助教上传至公费师范生学院电子屏。又如，N师范大学于2021年发布开设"三笔字"训练课程的通知，其中指出将"三笔字"训练作为必修课加入该校师范生培养方案，并规定了该课程的学分和具体学时，以及开设学期，要求各学院根据实际情况灵活设置"三笔字"训练课程的开课方式、开课时间和开课地点。

此外，师范院校除"三笔字"课程之外，还通过开展各种校园"三笔字"大赛的形式，激发学生学习"三笔字"的热情，培养学生"三笔字"的能力。

三、顶岗实习模式下语文师范生"三笔字"能力培养的路径

顶岗实习模式下语文师范生进入实习学校，融入一线教学实践。这为语文师范生"三笔字"能力的培养提供了良好的机遇。顶岗实习模式下语文师范生"三笔字"能力的培养路径可从以下几个方面着手。

（一）实习学校加强对语文师范生"三笔字"能力的培养

语文师范生在顶岗实习期间从事教学实践的过程中，需要撰写大量教案、板书等，这些均为语文师范生的"三笔字"练习提供了机会。顶岗实习期间，实习学校和实习指导老师应用意识的加强，对语文师范生"三笔字"能力的培养具有重要作用。

1. 利用听评课加强语文师范生对"三笔字"的重视

在听评课过程中，实习指导老师可着重对语文师范生的教案和板书的书写效果进行评价，从而加强语文师范生对"三笔字"的重视，激发语文师范生进行"三笔字"练习的主动性和积极性。

2. 通过"三笔字"实训课程，提升语文师范生"三笔字"的能力

近年来，随着我国基础教育阶段教育教学改革的持续推进，我国中小学语文教师对"三笔字"书字能力越来越重视。许多中小学通过开设专门的"三笔字"实训课程，提高在校教师的"三笔字"书写能力。顶岗实习模式下语文师范生可以通过参加实习学校"三笔字"实训课程的方式，提升语文师范生的"三笔字"能力。

（二）通过开展实习学校或顶岗实习师范生"三笔字"大赛，培养语文师范生的"三笔字"能力

在顶岗实习模式下，一些师范院校和实习学校为了尽快提升顶岗实习师

范生的教学能力，往往在师范生听评课或日常授课之外，组织各种说课或微课竞赛活动。师范生借助竞赛形式，既能熟悉教学流程，又能发现师范生的教学能力不足之处，有针对性地进行练习和提高。

1. 实习学校开展全体教师或师范生的"三笔字"大赛

2021年，湖南保靖县野竹坪小学为了展示教师风采，提高教师技能，规范教师书写，该校积极落实上级要求教师写好"三笔字"的精神，倡导教师苦练教学基本功，为学生书写作出表率，通过搭建教师锻炼平台、展示舞台，举行了教师"三笔字"比赛。

2. 师范院校与实习学校及其所在地合作开展特定师范院校师范生的"三笔字"大赛

语文师范生实习期间，师范院校可与实习学校所在地的教育管理部门或实习学校合作，组织特定区域内的本校师范生开展"三笔字"大赛，以提升语文师范生的"三笔字"能力。

（三）通过将语文师范生的"三笔字"纳入实习考核评价，提升其"三笔字"能力

语文师范生的"三笔字"能力是小学教育专业师范生教学技能的重要组成部分。师范院校一般对语文师范生的"三笔字"能力培养和训练极为重视。顶岗实习模式下语文师范生需要参加大量的听评课，进行大量的教学实践，为语文师范生"三笔字"能力的训练提供良好的机会。将语文师范生"三笔字"纳入实习考核评价，有利于激发语文师范生对"三笔字"能力的重视，激发语文师范生自动自觉地提升"三笔字"的能力。

综上所述，语文师范生的"三笔字"能力是其教学能力的重要组成部分，也是我国中小学语文教师的基本要求，顶岗实习模式为语文师范生"三笔字"能力的培养提供了良好的机遇。在顶岗实习模式中提升语文师范生的"三笔字"能力，可以借助听评课、"三笔字"大赛或将语文师范生"三笔字"纳入实习考核评价等路径实现。

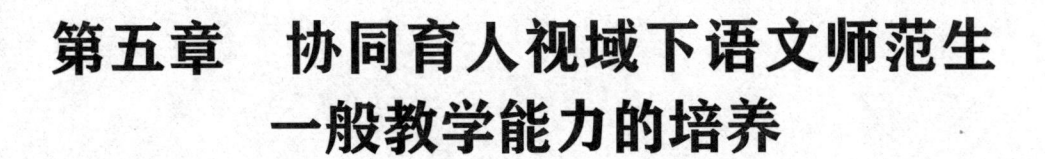

第五章　协同育人视域下语文师范生一般教学能力的培养

第一节　语文师范生备课能力的培养

学校教育以教学为主，中小学语文教学以课堂为基本单位进行，教师的备课计划对课堂教学质量起着至关重要的作用。语文师范生备课能力的培养和提高，既有利于增强教学的计划性和针对性，也有利于语文师范生充分发挥课堂的引导作用。

一、语文师范生备课概述

备课是教师日常教学活动中常见的教学活动，是一个循环往复，逐步发展和提高的过程。备课是上课的基础，也是教学质量的重要保障。

（一）备课的概念

备课具有广义和狭义之分。广义的备课是指教师不断学习、更新专业知识，增加文化积累，总结与反思教学经验，为上好所有课程而做的准备。狭义的备课则是指教师通过认真研究一定的教学内容和学情，在上课前确立科学的教学目标、教学方法和教学资源的过程。狭义的备课更侧重于具体课程的备课，而广义的备课则包括所有课程。

（二）备课的类型

1. 根据备课内容进行划分

根据备课内容进行划分，备课可以划分为学期备课、单元备课和课时备课三种类型。

其一，学期备课。学期备课是指教师、教研组或顶岗实习师范生在学期开始前，在通读教材、了解课程标准的基础上，充分领会教材的意图，明确本年级科目在特定学期的教学总目标，以及各单元的教学任务和重难点。在把握学期教学总目标和单元目标的基础上分清主次，划分课时，确定教学进度，确定本科目特定学期的教学计划、教学思路和教学方法，并据此制订出切实可行的、全面的教学计划。

其二，单元备课。单元备课是指教师、教研组或顶岗实习师范生在学期备课的基础上，结合每单元的教学任务，在单元教学开始前，针对整个单元教学而进行的准备工作。单元备课要求备课者进一步熟悉特定单元的教学内容、教学目的、教学要求。在此基础上，合理安排单元教学的课时、活动和练习，研究并确定特定单元应使用的教学方法。

一般而言，中小学教材均按照一定的单元组织而成，不同单元相对独立，因此在单元教学开始前，必须进行单元备课。以小学部编版六年级语文下册为例，部编版六年级语文下册共划分为六个单元，其中第六单元为综合学习单元。第一至第五单元分别包含数篇课文，并设置了习作、口语交际、语文园地、快乐读书吧、阅读材料等，对小学六年级学生的各方面能力进行培养。语文教师、教研组或顶岗实习师范生在进行学期备课时，应当充分考虑每个单元的教学任务和教学重难点，据此科学合理地安排单元内不同课文的课时与教学方法、教学用具等。

其三，课时备课。课时备课是指教师、教研组或顶岗实习师范生在学期备课和单元备课的基础上，针对特定的课文进行的备课，包括确认教学目的、任务、要求、重点和教学方法等。课时备课是教师日常工作中最常见的备课类型，常落实到教案上。在进行课时备课时，备课者除了要考虑课程要素之外，通常还需要从学生的具体学情和学校的实际教学进度出发进行备课。与学期备课和单元备课相比，课时备课的针对性更强。

2.根据备课主体进行划分

根据备课主体进行划分，备课可以划分为个人备课和集体备课两种类型。

其一，个人备课。个人备课是指教师或顶岗实习师范生个体独立备课的活动。独立的教学能力是教师和师范生必须掌握的技能。个人备课是教师个性化教学谋划与设计的基础，有利于备课者将个体的教学经验与教育理论、教学内容相结合，从而形成独具特色的个人教学风格。个人备课与集体备课相比，具有较强的个性化和差异化的特色。

其二，集体备课。集体备课是指教师、顶岗实习师范生等教学群体在一起共同研究教学内容，以及对学生的理解，交流本学科知识和信息等，以达到相互交流与促进、互为补充的效果，是一种集体研讨教育教学知识并提升教学能力的重要方式。集体备课能够统一教学要求，协调教学进程，有助于教师之间的知识和信息共享，获得更广阔的思维空间及更丰富的教学资源。

个人备课和集体备课两种类型各具特色、相辅相成。个人备课更偏重于利用个人教学经验，能够形成多样化且更具活力的教学活动。集体备课则以个人备课作为前提与基础，只有建立在差异化的个体备课基础之上，集体备课才可能存在。

3. 根据备课形式进行划分

根据备课形式进行划分，可以划分为显性备课和隐性备课两种类型。

（1）显性备课。显性备课是指教师外化的备课行为，包括查阅资料、书写教案、制作教具等。显性备课是教师或顶岗实习师范生日常备课中常见的备课形式。

（2）隐性备课。隐性备课是指教师将备课行为内在化、系统化、连续化的过程。隐性备课与显性备课相比，是将备课者个人平时的学习、科研等活动与教学活动结合起来的备课方式。隐性备课具有更强的反思性特点。

4. 根据备课时间进行划分

根据备课时间进行划分，可以划分为课前备课和课后备课两种类型。

（1）课前备课。课前备课是在教学行为之前进行的备课，一般是教师的日常备课形式。大多包括班级、学科、课题、教学目的、上课时间、教学方法、教学进程、教具、板书设计和课后自我分析等。

（2）课后备课。课后备课是在教学行为之后进行的课后自主评估，课后备课一般与调查研究相结合，必须尽可能地征求学生的意见，细心记录学生的反应。这些宝贵的资料是教师分析、研究自己的基础。教学水平的提高，教学艺术的形成，常常就是在这种日积月累中实现的。课后备课包括横向性反思总结和纵向性反思总结两种类型。

5. 根据备课工具进行划分

根据备课工具进行划分，可以划分为白纸备课、多媒体备课、网络备课三种类型。

（1）白纸备课。白纸备课是指教师、顶岗实习师范生等备课者不参考任何材料，而只通过把握教材、理解教材、处理教材等方式进行备课的方式。

（2）多媒体备课。多媒体备课是指教师、顶岗实习师范生等备课者借助多媒体进行备课的方式。

（3）网络备课。网络备课是指教师、顶岗实习师范生等备课者借助网络资源进行备课的方式。

综上所述，备课是教学活动中必不可少的重要环节，备课是教师和师范生必备的基本技能。对语文师范生来说，备课能力的高低直接关系着其教学能力的高低。

二、语文师范生备课能力的基本要求

备课在教学中起着不可或缺的作用。备课并非易事，往往涉及多个方面，语文师范生作为未来的中小学语文教师，其备课能力应达到较高水平。语文师范生的备课能力是一种综合能力，要符合以下几点基本要求。

（一）语文师范生应端正备课态度，树立正确的备课观

语文师范生作为准语文教师，虽然具备了一定的学科专业知识和教育理论知识，但是缺乏备课和教学经验，专业能力正处于发展的起步阶段。为了推动专业能力发展，加强教学实践锻炼，语文师范生应当在实习阶段端正备课的态度，形成良好的备课认知，树立正确的备课观。

正确的备课观指珍惜备课机会，将每次备课作为有效备课。有效备课要求语文师范生不只对教材进行分析和解读，而是在备课中将学生放在第一位，在了解学情的基础上进行备课。充分尊重学生的学习规律和认知规律，在备课中注重激发学生的主体性，并寻找适合教学内容和学生的教学方法。

（二）语文师范生应具备备课预设与生成相统一的能力

教学活动是师生两个主体共同参与的活动，教学活动并非一成不变，而是充满了各种"意外"。语文师范生在备课过程中，应当充分尊重学生在教学中的主体地位，具备备课预设与生成相统一的能力。这里所指的预设是指根据教育目标和学生的兴趣、学习需要以及已有的知识经验，以多种形式，有目的、有计划地设计教育活动。由此可见，备课中的预设是以学生作为主体进行的教学计划准备。生成则是指教师依据学生的知识与经验水平、兴趣和需要，在与环境的交互作用中进行有效的动态性调整，引导学生生动、活泼、主动地进行新知识的探究活动。

备课中的预设和生成具有相一致的目的。语文师范生只有具备了备课预设与生成相统一的能力，才能真正满足学生在课堂上进行自主活动和自发学习的需要，才能提高备课的有效性。

（三）语文师范生应具备较强的整合备课资源的能力

近年来，随着我国基础教育改革的持续推进，我国中小学教育越来越强调培养中小学生的综合能力。语文师范生在进行备课时，应以我国基础教育政策作为指导，在完成课文教学目标的基础上，有效进行多种资源整合，合理运用多媒体、网络等教学工具，拓展学生的知识面，培养学生的综合能力，促进中小学生的健康发展。

（四）语文师范生应具备创新备课能力

语文师范生在进行备课时，不应一味地参考教师用书或网络上的教案，也不应一味地使用学校集体备课的模板，而应当结合具体课文和学情进行二次备课，进行创新性备课。以部编版中小学语文课本为例，从2017年9月新学年开始，全国中小学教材全部使用部编版中小学语文教材进行教学。虽然全国各地使用了统一教材，但是不同地方的中小学教师在备课时，其教案也呈现出千差万别的特点。同一篇课文中，具有个性化和创新性的教案层出不穷。其原因在于，教师在备课过程中除了备教材之外，还应备学生。

不同地区的中小学生的学情千变万化，教师在备课时，只有充分考虑特定地区、特定学校和特定班级的学生的学情，并将其与教材目标相结合，才能明确教学的重难点，确定具体的教学流程和教学方法。

语文师范生由于实践经验相对匮乏，在参考教师用书或网络上的教案的同时，还应加强对学生学情的重视，尊重学生的个体差异性。从具体学情出发，才能不断在备课中进行创新，进而在实际教学中体现创新成果。

三、语文师范生备课能力培养的作用

备课作为教学工作中必不可少的步骤，既是组织课堂教学活动的基础，也是教学质量保障的基础。备课能力作为语文师范生教学能力的重要组成部分，在提升语文师范生综合教学能力方面起着极其重要的作用。

（一）语文师范生备课能力的培养和提升，有利于语文师范生系统布局整个学期的学科教学活动

教学活动是一项系统性活动，具有一定的阶段性和周期性。备课作为教学活动开始之前的准备环节，能够帮助语文师范生快速明确教学任务和课程目标，分析课文的重点和难点，梳理教学思路，统筹教学环节，为教学活动做好准备。语文师范生只有具备较强的备课能力，才能充分发挥备课环节在整个教学活动环节中的作用。否则，如果语文师范生的备课能力较弱，不明白备课的注意事项，不熟悉备课流程，就无法通过备课了解和分析课文中的重点和难点，也就不能充分地对教材和学生进行分析，那么语文师范生所设计的教学环节则可能会存在过于理想化、不切实际的现象，无法达到良好的教学效果。例如，语文师范生到偏远地区进行顶岗实习支教，在备课时不考虑学校和学生的实际情况，在备课中罗列大量的现代多媒体教学工具，在讲课时无法实现教学

目标，那么这样的备课就属于不切实际的备课，无法达到理想的教学效果。

（二）语文师范生备课能力的培养和提升，有利于帮助语文师范生明确教学目标，熟悉教学对象

备课的主要目的是根据课程标准实现教学目标。教学活动的主体包括教师和学生。其中，学生作为教学的主要对象，在教学活动中起着极其重要的作用。在备课环节，备课者应在熟悉教材的同时，充分了解和熟悉教学对象，明确教学对象的认知规律和知识接受程度，并在此基础上确定教学思路、教学方法，设计师生互动环节。如果语文师范生的备课能力欠佳，语文师范生在备课中可能会面临着不懂或不会分析教材和学生的状况，从而影响语文师范生课堂教学实践的效果。从这一视角来看，语文师范生备课能力的培养和提升，有利于帮助语文师范生明确教学目标，熟悉教学对象。

（三）语文师范生备课能力的培养和提升，有利于语文师范生快速融入实习学校

备课涉及教学过程中方方面面的事宜，其中包括教材、学生、教学环境、设施和设备以及教学情景等，这些要素直接关系着教学活动设计。语文师范生只有具备良好的备课能力，才能对课堂教学活动进行系统的把控；相反，如果语文师范生缺乏备课能力，则无法在备课过程中将各种教学要素融合成一个系统的、动态的有机整体，从而影响实际教学效果。语文师范生备课能力的培养和提升，有利于语文师范生快速融入实习学校，以更加积极的态度和饱满的状态投入实习工作。在提升实际教学效果的同时，也有利于语文师范生树立良好的教师职业感。

（四）语文师范生备课能力的培养和提升，有利于语文师范生克服紧张心理，增强教学信心

语文师范生从师范院校来到实习学校后，面对陌生的环境、同事和学生，常会本能地进入紧张状态。尤其是即将走上顶岗实习的岗位，语文师范生常会陷入忐忑和自我怀疑之中。备课活动是影响语文师范生能否充分发挥自身的教学水平，达成教学目标，提升教学质量的关键因素。如果语文师范生的备课能力较强，借助备课能够清晰地明确课文教学目标，区分课文重难点，并且结合学生的具体学情，合理划分课堂时间，做好课堂设计，对课堂教学环节胸有成竹，那么语文师范生就能够在一定程度上克服紧张心理，增强教学信心。

四、顶岗实习模式下语文师范生备课能力的培养路径

根据前文中的两项调查问卷可知，语文师范生在顶岗实习中面临着迫切希望提升自身备课能力的需求。顶岗实习模式下语文师范生备课能力的培养可从以下几个路径着手。

（一）师范院校要加强对语文师范生备课能力的培养

备课能力作为语文师范生教学能力中的基本技能之一，是师范院校着重培养的能力。师范院校在语文师范生参加顶岗实习活动之前，应对语文师范生进行专门的备课能力培养，让语文师范生了解备课的基本流程并开展备课训练，以此加强对语文师范生备课能力的培养。以H师范大学为例，H师范大学坚持"以赛促学、以赛促教、以赛促研"，每年举行师范生教学技能大赛，其中包括理论知识竞赛、板书设计大赛、说课大赛、新课导言大赛、主题班会大赛、微课大赛，这些大赛均需涉及备课，这样才能达到培养师范生备课能力的目的。

除了校内师范生的教学技能大赛之外，师范生在顶岗实习期间，学校还会举行全体实习生线上教学技能大赛。H师范大学举办的线上教学技能大赛由初赛和决赛两部分构成，初赛在区域主任和驻县教师的精心组织下，实习生踊跃报名、积极准备。凝聚实习学校一对一指导老师和实习县特聘名师的力量，按照3%的比例，择优推荐优秀的实习生进入决赛。决赛由H师范大学顶岗支教实习指导中心组织实施，分为理科组、文科组、综合组，重点考察顶岗实习师范生的教学基本功和素质教育理念。H师范大学组织的教学技能大赛以赛促练、以赛提能，不仅能够在校园内部营造积极主动的教学教研氛围，还能切实提升师范生的备课技能。

（二）实习学校要加强对语文师范生备课能力的指导

实习学校作为师范生顶岗实习的主要场所，在语文师范生备课能力培养中扮演着极为关键的角色。实习学校对语文师范生的备课指导可从以下几个方面着手。

1. 开展实习生岗前、岗中培训活动，提升语文师范生的备课能力

语文师范生到达实习学校后，面临着融入实习学校环境的迫切挑战。为了帮助语文师范生尽快融入实习学校，实习学校一般会尽快安排语文师范生上台讲课。根据一般教学流程，语文师范生进行教学实践前，一般会花费较长时

间进行备课。此时，实习学校可以通过对语文师范生进行岗前培训，有意识地培养语文师范生的备课能力。通过备课能力培训与语文师范生的备课实践的结合，从而提升语文师范生的备课能力。

此外，实习学校除了开展语文师范生岗前备课能力培训之外，还可以开展岗中培训活动。语文师范生经过前期参与大量听评课，以及进行备课和课堂教学实践，初步积累了一些经验。开展备课培训或座谈活动，能够有针对性地解决语文师范生在备课中的疑问，有效提升语文师范生的备课能力。例如，2022年，H师范大学的语文师范生在实习时间过半之际，即在实习学校进行专门的实习再培训和实习生座谈会，针对语文师范生的备课能力进行了重点指导。

2. 通过集体备课培养和提升语文师范生的备课能力

集体备课作为中小学常用的备课形式，具有较强的教研特点。语文师范生参与实习学校的集体备课，既能够熟悉备课流程，注意备课活动中的重点和难点，同时又能学习经验丰富的一线教师的备课经验，在短时间内有效培养和提升备课能力。例如，H师范大学十分注重在顶岗实习支教中培养语文师范生的备课能力。早在2013年，H师范大学即与实习学校合作，在实习学校发起以顶岗实习语文师范生为主要参与对象，同时邀请实习学校经验丰富的教师参加集体备课活动。第一轮备课的流程：首先，语文师范生派出一名主讲人通过说课的形式将一节课的思路展示给各位老师；其次，各位老师针对设计过程中存在的问题，提出自己的建议和改进方法；最后，主讲人整理出一套切实可行、条理清晰的教学方案，为第一次课堂教学做准备。后续备课流程在此不再赘述。

3. 通过多样化的实践比赛培养和提升语文师范生的备课能力

除了日常教学实践之外，为了在短时间内迅速培养和提升语文师范生的备课能力，实习学校可以通过举行语文师范生说课、试讲、微课等多种形式的大赛，为语文师范生提供丰富的备课实践机会，在具体实践过程中锻炼语文师范生的备课能力。以H师范大学为例，H师范大学在与实习学校进行合作时，举行语文师范生的说课、微课、优质课、试讲课等比赛，以竞赛形式为语文师范生提供大量备课实践的机会。

4. 充分发挥实习指导老师的指导作用

语文师范生顶岗实习期间，实习指导老师担负着培养和提升语文师范生教学能力的重任。备课作为语文师范生顶岗实习期间日常教学的首要环节，需要实习指导老师投入较大精力，悉心培养和提升语文师范生的备课能力。以H

师范大学为例，H师范大学的语文师范生到顶岗实习学校后，除了进行日常教学活动、参与听评课之外，还需要准备公开课。公开课不仅是H师范大学语文师范生顶岗实习初期的阶段性检验，也是语文师范生弥补不足、自我提升的一次重要机遇。

在公开课之前，语文师范生需要详细备课。备课期间，H师范大学充分发挥特聘教师的作用。特聘教师需协助顶岗实习师范生进行公开课备课，通过反复磨课，使顶岗实习师范生充分掌握备课技巧，培养和提升顶岗实习师范生的备课能力。公开课后，H师范大学的顶岗实习师范生还需进行公开课总结，通过反思备课和教学实践达到提升语文师范生备课能力的目的。

此外，还可通过将语文师范生备课能力纳入顶岗实习考核的方式，增强语文师范生对备课能力的重视程度，提升语文师范生提升备课能力的主动性和积极性。

第二节　语文师范生组织课堂教学能力的培养

课堂教学的过程是教师和学生互动的过程，课堂教学并非教师照本宣科，而是需要教师在教学中，通过对学生一步步地引导，激发学生的学习兴趣、学习欲望和学习积极性、主动性的过程。语文师范生组织课堂教学的能力是语文师范生教学能力的重要组成部分。本节主要对顶岗实习模式下语文师范生组织课堂教学能力的培养进行研究与分析。

一、语文师范生组织课堂教学能力培养的重要性

组织课堂教学能力，又可称为实施课堂教学能力。教学活动是一种实践性的活动，任何良好的教育理念设想和教学设计，均需落实在课堂教学的实践中，并且在课堂教学实践中发挥其作用。语文师范生作为未来的中小学语文教师，其组织课堂教学能力的培养具有极其重要的作用。以中学为例，根据教育部发布的《中小学教师教育技术能力标准（试行）》《中学教育专业师范生教师职业能力标准（试行）》等文件可知，中学教师应当具备实施课程教学的能力，具体包括创设教学情境的能力、进行课堂教学的能力以及进行学习指导的能力、实行教学评价的能力（见表5-1）。

表5-1 中学教育专业师范生实施课程教学的能力要求

能力类型	要求
创设教学情境的能力	能够创设教学情境，建立学习内容与生活经验之间的联系，激发学习兴趣，引导学生积极参与学习活动
进行课堂教学的能力	基本掌握教学组织与课堂管理的形式和策略，能够科学准确地呈现和表达教学内容，控制教学时间和教学节奏，合理设置提问与讨论，引导学生的主动学习和探究学习，达成学习目标
进行学习指导的能力	1. 能够依据学科特点、中学生认知特征和个体差异，指导学生开展自主、合作、探究性学习，注重差异化教学和个别化指导，帮助学生针对学习重点与难点进行有效学习 2. 知道不同类型的信息技术资源，为学生提供学习机会和学习体验，合理选择与整合信息技术资源，为学生提供丰富的学习机会和个性化学习体验 3. 能够运用课堂结束技能，引导学生对学习内容进行归纳、总结，合理布置作业
施行教学评价的能力	1. 树立促进学生学习的评价理念，理解教育评价原理，掌握试题命制的方法与技术，能够在教学实践中结合作业反馈实施过程性评价，初步运用增值评价，合理选取和运用评价工具，评价学习活动和学习成果 2. 能够利用技术工具收集学生学习反馈，跟踪、分析教学与学生学习过程中存在的问题与不足，形成基于学生学习的情况，诊断和改进教学的意识

除了具备以上教学技能之外，教师在组织课堂教学活动时，还需要具备较强的语言表达能力、沟通能力等。可见，语文师范生组织课堂教学能力的培养能够直接提升语文师范生的教学水平。本书将教师的教学评价单独列出，在下文单独进行分析。

二、顶岗实习模式下语文师范生组织课堂教学能力培养的路径

顶岗实习为语文师范生提供了大量的教学实践机会，有利于语文师范生组织课堂教学能力的培养。具体来说，顶岗实习模式下语文师范生组织课堂教学能力的培养应从以下几个方面着手。

（一）借助听评课培养和提升语文师范生组织课堂的能力

听评课能够使缺乏教学实践经验的语文师范生在短时间内熟悉教学流程，通过观摩大量一线语文教师的教学，提升语文师范生组织课堂的能力。

1. 借助听评课培养和提升语文师范生创设教学情境的能力

创设教学情境的能力是语文师范生必须掌握的能力之一。在教学中，语文教师只有为学生创设良好的教学情境，才能充分激发学生的学习兴趣，引导学生充分理解课文中的知识和情感。然而，教学情境的创设并不容易。缺乏经验的语文师范生如果不具备相应的能力，则无法为学生创设良好的教学情境。

师范院校的语文师范生毕业后通常会成为中小学教师，因此，语文师范生应从中小学生的思维发展和心理发展阶段入手进行教学情境创设。中小学生由于年龄较小，思维和心理处于形成和发展阶段，因此对问题的思考多呈现出直观形象思维的特点。中小学语文则是一门具有较强的想象力和联想力的课程，其中涉及大量字词、拼音等知识。在学习语文时，如果语文教师或语文师范生不能为中小学生创设良好的教学环境，那么中小学生在学习枯燥的语文知识时，可能会出现无法集中注意力的现象；相反，如果语文教师或语文师范生能够为中小学生创设良好的教学情境，则能够激发中小学生的好奇心和兴趣，激发中小学生主动学习和探究的精神，提升中小学生的学习热情。

创设课堂教学情境具有多种方法，其中包括借助语言创设教学情境、借助问题创设教学情境、运用多媒体创设教学情境等。

（1）借助语言创设教学情境。语言是中小学语文教师在进行教学时常用的创设教学情境的方法。在中小学语文教学中，语文教师可以通过动之以情、晓之以理，以真挚、饱满的情感，生动地描述丰富多彩的动人故事，把故事本身的魅力，借助教师的情感淋漓尽致地抒发出来，去吸引学生，从而达到师生情感交融的目的，引起学生的共鸣，引导学生将感性认识逐步上升为理性认识。

（2）借助问题创设教学情境。学习与一定的问题情境相联系，在问题情境下进行学习，能够激发学生的积极情绪和情感，促进学生的未知欲和潜能的发展，还可以对当前的知识进行"同化"和"顺应"，从而达到一定意义上的知识建构。

（3）运用多媒体创设教学情境。多媒体具有图、文、声并茂的特点，运用多媒体手段创设教学情境，能够充分调动学生的视、听等多种感官功能，使学生能够直观、形象、生动地了解自己感兴趣的知识，在愉悦中接受知识，达到对课文的深层理解和感悟，从"要我学"变成"我要学"。

在听评课过程中，语文师范生可以近距离感受一线语文教师创设教学情境的过程和效果，并且借助评课时授课教师的分析，以及其他一线语文教师的评价，了解教学情境创设的方法或要素等，从而达到培养和提升语文师范生创设教学情境的能力的目的。

2. 借助听评课培养和提升语文师范生的课堂师生互动能力以及课堂反应能力

课堂教学是教师与学生进行互动的过程。中小学语文教学活动是以学生为主体的教学活动，语文教师在教学中应通过进行问题设计的师生互动方式，激发学生的学习兴趣，吸引学生的注意力，同时还能完成教学任务。例如，在处理学生问答的环节，教师应有意识地保护学生的积极性和自尊心。一方面，教师应鼓励学生回答问题，通过问题发现学生对知识的掌握程度，从而对学生进行更好地指导；另一方面，学生回答完问题以后，教师的反馈应呈现出积极和正面的特点。学生在班级课堂上发言，其实有心理压力，害怕自己说错被同学嘲笑。因此，语文教师应采用激励、鼓励、启发等用语保护学生的自尊心，引导和帮助学生建立自信心。针对学生的正确回答，应大力表扬；针对学生的错误回答，则应通过合理的引导，帮助其纠正。此外，教学活动是一项充满变化的活动，在课堂教学实践中，可能会发生各种状况，语文教师应当具有应对课堂反应的能力，这样才能有效完成教学任务，确保教学进度不受干扰。

在听评课上，语文师范生可以学习一线语文教师的问题设置的方式，并逐渐总结、摸索，提升自身的师生互动能力以及课堂反应能力。

3. 借助听评课培养和提升语文师范生的课堂指导能力

课堂指导能力是语文教师组织课堂教学的重要能力，课堂指导是以学生为主体，根据学生的具体学情，引导学生学习课文中的具体重点与难点。此外，面对班级中不同学习程度的学生，教师在教学中应当通过对学生的针对性指导因材施教，以确保所有学生均能够完成学习目标。

听评课是教师专业发展的基本技能，作为刚步入学校的语文师范生来说，听评实习学校学科教师的课和公开课不仅能促使自己快速进入教师角色，掌握教学技能技巧，更能促使自我进行反思，不断改进教学。除了实习学校听评课之外，还可通过跨校互相听评课的方式提升语文师范生的课堂指导能力。语文师范生跨校互相听评课的作用也不容小觑，不仅有利于促进各方面条件差不多的师范生们更好地进行经验交流，了解其他学校的先进教学管理经验，而且有利于师范生们相互激励，不断提升自身的教学管理能力，促进教学的改进。

4. 借助听评课培养和提升语文师范生的语言表达能力

教师的语言表达、沟通交流方式在课堂教学中往往起着决定性的作用。教师在课堂讲解以及与学生交流的过程中，其表述是否准确、用语是否恰当、语气是否得体、文化素养是否深厚等，均会在潜移默化中对学生产生深远影响。尤其是中小学生由于受教师的影响较大，因此，教师的语言表达能力对中小学生的语言表达与交流能力起着一定的决定作用。

语文师范生的语言表达能力包括口头语言表达能力和书面语言表达能力。其中，口头语言表达能力主要体现在组织课堂教学、师生交流、教师和家长交流以及教师之间的交流等方面，语文师范生的书面语言表达能力则主要体现在教案的写作、学生作业的批判和学生评价等方面。

不同学科的师范生的语言表达应有所侧重。例如，理科类课程师范生的语言应该简明、精练、准确、清晰；语文师范生的语言则应准确、优美、带有情感，同时减少"啊""呀""对不对""是不是"等口头禅。语文师范生教学中口头语言表达的语速语调变化，往往能够引起学生的注意力。因此，语文师范生在使用教学语言时，还要特别注重语调的变化，避免平铺直叙、无波无澜的语音语调。

在中小学课堂上，优秀的一线教师通常具有较强的语言表达能力。他们在课堂上时而提纲挈领、简明扼要地概括；时而绘声绘色、生动形象地描述；时而观点鲜明、逻辑清晰地论证；时而准确精当、条清缕晰地说明以及恰切生动地讲解、恰如其分地点评、恰逢其时地追问等。顶岗实习模式下语文师范生通过参与实习学校优秀一线教师的听评课，能够切身感受到教学语言在组织课堂教学环节的积极影响，从而激发语文师范生对教学语言表达能力的重视，引导语文师范生提升自身的语言表达能力。

（二）充分发挥实习指导老师的作用和提升语文师范生组织课堂教学的能力

实习指导老师作为语文师范生顶岗实习过程中的全程指导老师，对语文师范生教学实践能力的提高起着极其重要的作用。在顶岗实习过程中，实习指导老师可以通过多种形式，全面提升语文师范生组织课堂教学的能力。

1. 实习指导老师借助公开课培养和提升语文师范生组织课堂教学的能力

在实习阶段初期、中期，通常会举行公开课，以便对语文师范生的教学水平进行评估，同时有针对性地对顶岗实习生的教学活动进行指导。公开课准备期间，实习指导老师会加强对语文师范生的综合指导。课堂组织教学能力是语文师范生的必备技能，也是实习指导老师的指导重点。以H师范大学的实习生公开课为例，H师范大学的实习生在准备公开课期间，一般均会获得特聘指导老师的全程陪伴和指导。在此期间，特聘教师会根据语文师范生的个人特点，以及基本教学思路，提出切实可行的意见和建议，并与语文师范生进行磨课，直到确保语文师范生的教学设计达到较为完善的水平。

在公开课前夕，为了确保公开课的质量，顶岗实习的语文师范生通常会在特聘教师的指导下进行试讲，通过试讲发现教学设计中存在的不足并进行修正。经过多次试讲调整后，最终确定教学方案。

在公开课结束后，实习学校一般会召开针对顶岗实习师范生的评课会议。在评课会议上，特聘教师以及参与听课的教师们均会对顶岗实习师范生组织课堂教学实践的情况进行详细和有针对性的评价，从而有利于语文师范生在之后的教学实践中弥补自身不足，提升组织课堂教学的综合能力。

2. 实习指导老师借助实习讲座培养和提升语文师范生组织课堂教学的能力

顶岗实习模式下，实习指导老师针对语文师范生缺乏教学实践，组织教学能力有待提升的现实，开设针对顶岗实习师范生的专题实习讲座。例如，开设如何创设教学情境的讲座。教学情境的创设有法可循、有计可依。在专题讲座中，实习指导老师可以借助现身说法、举例等方式，向语文师范生进行示范，让语文师范生了解创设教学情境的重要意义和具体方法。此外，实习指导老师还可以将专题讲座与听评课结合起来，让语文师范生在听课过程中，观察和学习一线语文教师如何创设教学情境。

3. 实习指导老师借助学科教研培养和提升语文师范生组织课堂教学的能力

教学研究能力是教师专业发展的重要内容，语文师范生作为未来的准语文教师，在掌握学科知识和教学技能的基础上，更要注重教学研究能力的发展。顶岗实习模式为语文师范生开展教学研究提供了真实的教学情境。实习指导老师可以借助指导语文师范生进行教学研究的机会，提升语文师范生组织课堂教学的能力。例如，实习指导老师可以将语文教研中"如何选题？常用的研究方法有哪些？如何使用这些研究方法？如何将调研结果更好地呈现出来？"等内容进行讲解，帮助实习生将实践中遇到的问题转换为研究问题，并对实习生的调研报告进行跟踪指导，从而达到培养和提升语文师范生组织课堂教学能力的目的。

4. 实习指导老师借助自媒体平台培养和提升语文师范生组织课堂教学的能力

师范院校一般采用双实习指导老师制。顶岗实习期间，除了实习学校的实习指导老师之外，师范院校通常也会为顶岗实习师范生配备实习指导老师。师范院校的实习指导老师通常面临同时负责多位顶岗实习师范生的情况。为了便于与顶岗实习师范生联系，实习指导老师一般通过微信群和QQ群进行联系。当实习指导老师对语文师范生进行组织课堂教学能力的培养时，实习指导老师可以在微信群和 QQ 群中发布提升组织教学能力的相关技巧或视频，对公开课试讲中组织教学能力优秀者的视频片段进行分析，引发语文师范生在社交群中的讨论，从而达到培养和提升语文师范生组织课堂教学能力的目的。

5. 实习指导老师借助多样化的实习竞赛培养和提升语文师范生组织课堂教学的能力

师范院校的实习指导老师在顶岗实习支教过程中通常负责某一区域内的学生，通常是单个实习学校或某个实习区域内的多个实习学校一同组织语文师范生的实习竞赛，借助多样化的实习竞赛培养和提升语文师范生组织课堂教学的能力。以 H 师范大学为例，H 师范大学于 2022 年 5 月组织了天津地区的教学技能大练兵活动。这次活动中，H 师范大学按照全学科覆盖、全员参与的原则，吸引了语数英、政史地、物化生、音体美、信息技术、学前教育等多个学科的百余名学生参与。各实习小队按照计划组织实习生们有序实施。顶岗实习的语文师范生在特聘名师和指导老师的指导下，教学基本功和组织课堂教学的能力不断提升。此外，语文师范生通过请求指导、互相听课等多种方式，不断交流学习，打造"精品课"。除此之外，各实习小队通过开展教学技能大练兵的机会，不断进行教学技能训练，有效提升了语文师范生组织课堂教学的能力。

（三）充分发挥实习评价的作用培养和提升语文师范生组织课堂教学的能力

教学实习评价直接关系着语文师范生的实习表现评价，不同师范院校的实习生实习评价的内容和项目不尽相同。以 H 师范大学为例，H 师范大学的实习评价包括实习鉴定和实习生作业两部分。其中，实习鉴定包括实习学校指导老师、实习学校班主任、实习生个人自我鉴定等。顶岗实习结束后，完成实习的师范生须填写《H 师范大学教育实习鉴定表》。实习学校的指导老师、班主任按教育实习手册"实习初评成绩评定"中的各项考核评估表，对语文师范生的课程教学、学生管理与教育实习（见习班主任工作）、教育（教学）调查工作进行考核评估，写出评语并给出初评成绩。此外，实习师范生还要撰写个人实习总结。

实习作业包括实习过程评价阶段作业、实习成果评价阶段作业。其中，实习成果评价阶段作业又可划分为课堂教学录像和六项职业技能作业。实习师范生需完成一次高质量的课堂教学录像（45 分钟完整课堂教学），上传至优酷网并记录好录课地址（网址），实习结束后的下一学期，一周内将录课地址交给辅导员。此外，实习师范生按照六项教师职业技能作业的要求书写"实习手册"。顶岗实习生的六项职业技能作业包括语言文字技能训练、教学设计技能训练、课堂教学技能训练、运用教学媒体技能训练、班主任工作技能训练，以及组织和指导课外教学活动技能训练（见表5-2）。

表5-2　H师范大学顶岗实习师范生六项教学技能要求

序号	技能	要求
1	语言文字技能训练	以实习学校为单位，每位实习师范生围绕相同主题撰写一份2000字左右的演讲稿，并进行小组演讲，最后以硬笔（钢笔）书法作业的形式提交
2	教学设计技能训练	每位实习师范生在顶岗实习的前半期和后半期分别提交一份完整的教案，内容包括教材分析、教学目标、教学活动、教学方法、教学评价和板书设计等
3	课堂教学技能训练	实习的后半学期，每位实习师范生需提交一份课堂教学总结报告，其内容要结合具体教学实例，主要谈自己教学技能提高的5～6个方面
4	运用教学媒体技能训练	1. 每位实习师范生需提交一份自制教具的文字说明，具体包括教具名称、简单制作、教具特点、运用对象 2. 每位实习师范生需提交一份本学期本学科的课堂教学多媒体课件，需附文本说明一份，附在纸质作业中（内容包括课件名称、简单制作、教具特点、运用对象）
5	班主任工作技能训练	1. 在实习期间，担任班主任或见习班主任工作的实习师范生，每人需提交一份班主任工作总结 2. 在实习期间，未担任班主任或见习班主任的实习师范生，每人需提交一份班主任工作计划
6	组织和指导课外教学活动技能训练	1. 在实习期间，指导学生进行课外教学活动的实习师范生，每人需提交一份指导课外教学活动的总结报告 2. 在实习期间，未指导学生进行课外教学活动的实习师范生，每人需提交一份指导课外教学活动的计划方案

从表5-2中可以看出，H师范大学的顶岗实习师范生的组织教学能力，并将其纳入学生的实习评价之中，有效引导顶岗实习师范生主动积极地提升自身组织教学的能力，从而达到培养和提升教学水平的目的。

综上所述，语文师范生组织教学的能力是语文师范生综合教学能力的重要组成部分，在其综合教学能力中起着极为重要的作用。在顶岗实习模式下，培养语文师范生组织教学的能力可以借助听评课，充分发挥实习指导老师的作用，以及利用实习评价的方式，有效培养和提升语文师范生组织教学的能力。

第三节 语文师范生教学评价能力的培养

教学评价能力是指教师在教学活动中按照多元目标和多样方式对学生的教学效果进行评价。语文师范生在进行教学评价时，应当从中小学生的认知发展规律着手。顶岗实习模式为语文师范生教学评价能力的培养提供了良好的机遇。本节主要从语文师范生教学评价能力培养的重要性，顶岗实习模式下语文师范生教学评价能力的培养机遇，以及顶岗实习模式下语文师范生教学评价能力的培养路径等方面着手，对语文师范生教学评价能力的培养路径进行详细研究。

一、语文师范生教学评价能力培养的作用

教学评价能力是语文师范生教学实践能力的重要组成部分。师范院校作为教师培养的摇篮，在增强学科教学能力培养的同时，通过一定的培养策略和方法，让培养和提升语文师范生的教学评价能力显得尤为重要，也为其将来走上教师岗位打好了坚实的基础。

（一）语文师范生教学评价能力培养的重要性

教学评价是语文师范生进行师生互动的方式之一，我国教育部发布的《小学教育专业师范生教师职业能力标准（试行）》《中学教育专业师范生教师职业能力标准（试行）》等文件中，均对语文师范生的教学评价能力提出了具体要求。语文师范生教学评价能力的提升具有极其重要的意义。

1.语文师范生教学评价能力的培养是提高语文师范生培养质量的现实需求

师范院校是未来教师的摇篮，承担着预备教师培养的任务，承担着提高语文师范生培养质量的重要使命。教学评价能力是师范生职业能力的构成要素。语文师范生教学评价能力的高低与其语言表达能力、总结能力、教学重点和难点的把握能力以及因材施教的能力等息息相关。只有全面提升语文师范生的教学评价能力，才能将教育效果落到实处，才能在教学中真正引导学生不断地学习和成长，从而达成教育目标，实现我国基础教育教学水平的提高。

2. 语文师范生教学评价能力的培养是推进中小学教育改革的需求

教师教育改革的重点之一在于突出师范生实践能力的培养，为师范生更好地从事教师职业奠定良好的基础。语文师范生教学评价能力的培养要求语文师范生从教学实践着手，关注学生主体在教学实践中的具体表现，并对学生主体的教学表现进行反思，从而找出更适合发挥学生主体主动性和积极性的方法，做到因材施教。因此，语文师范生具备良好的教学评价能力是维护课堂教学中中小学生主体地位的重要保障，有利于落实教学过程中学生主体的教学理念。而以学生为主体的教学理念是我国中小学教育改革的重要内容，也是我国基础教育教师能力培养的关键。从这一视角来看，语文师范生教学评价能力的培养是推进中小学教育改革的需要。

3. 语文师范生教学评价能力的培养有利于形成和谐良好的师生关系

语文师范生教学评价能力的培养有利于良好师生关系的形成。语文教学中形成和谐良好的师生关系，不仅有利于教师对学生的教学引导，也有利于教学目的的顺利达成。语文师范生教学评价能力的培养，有利于教师从适合不同年龄阶段学生的教学方法入手，有效拉近与学生之间的距离，引导学生在教师的提醒下进行反思，从而不断提升学习水平，达成良好的教学效果。

（二）语文师范生教学评价能力培养和提升的注意事项

语文师范生教学评价能力的培养和提升应当以师范院校为主，充分利用各种教学手段，在对语文师范生进行儿童认知发展和教学评价理论的基础上，注重在实践中培养和提升语文师范生的教学评价能力。

语文师范生作为未来的中小学语文教师，应当充分了解中小学阶段学生的认知特点和心理发展特点，结合学生在不同阶段的认知和心理变化，有效推动语文师范生各项能力的发展，同时结合学生的认知和心理阶段对学生进行评价，促使学生对评价的接受和正面反馈。

自20世纪以来，世界各国的心理学家对儿童的认知发展和心理发展进行了详细研究，并形成了一些代表性的观点。例如，世界知名儿童心理学家、哲学家让·皮亚杰提出的儿童认知发展理论，以儿童为研究对象，认为人的动作图式是通过不断地同化、顺应以及平衡的过程。皮亚杰将儿童心理发展划分为四个阶段，即感知运动阶段、前运算阶段、具体运算阶段和形式运算阶段。罗伯特·塞尔曼提出了社会认知阶段理论，将儿童的社会认知分为五个阶段，即自我中心的无区分阶段、有区分的主观视角采纳阶段、自我反射思考或互换视角采纳阶段、第三人或共同视角采纳阶段、深度社会视角采纳阶段。上述两种观点得到了世界范围内心理学家的普遍认同，对世界各国的教育教学产生了极其重要的影响（见表5-3）。

表5-3　儿童认知发展阶段

提出者	儿童认知发展阶段	特点
让·皮亚杰	感知运动阶段	该阶段儿童年龄范围为0～2岁，这一阶段的儿童认知发展主要依靠感觉、知觉以及动作的分化。在此过程中形成一些低级行为图式以适应环境，例如，儿童最初依靠吮吸、抓、握等动作对世界进行探索
	前运算阶段	该阶段儿童年龄范围为2～7岁。这一阶段，儿童的认知水平得到了飞速发展，儿童开始从具体的动作中摆脱出来，运用语言符号和表象符号代替外界事物，在头脑中形成了"表象性思维"。这一阶段，儿童的思维还具有不可逆性，缺乏守恒性，以及自我中心的特点
	具体运算阶段	该阶段儿童年龄范围为7～11岁。这一阶段儿童最重要的智力成长表现为获得可逆性以及守恒性概念，例如，6岁的孩子不具备体积守恒的概念，将两瓶相同毫升的可乐分别倒入一个大杯和两个小杯中。6岁的孩子不具备判断二者体积是否相等的能力，而8岁的孩子则能准确判断出两者的体积相同
	形式运算阶段	该阶段的儿童年龄范围为11～16岁。这一阶段儿童的思维水平已接近成人的思维水平，具体表现在能够使用逻辑思维方式解决抽象问题，其思维方式的科学性更强，同时对于社会问题以及自我身份认同更加关注
罗伯特·塞尔曼	自我中心的无区分阶段	该阶段的儿童年龄范围为3～6岁，这一时期，儿童往往不能认识到自己的观点与他人的观点之间的不同，也意识不到自己的感知可能是错误或不真实的。这一时期的儿童最常见的表现即是以自己的喜好作为他人的喜好。例如，这一时期的孩子会将自己喜欢的糖果送给妈妈或其他喜欢的人，因为他认为糖果是大家都喜欢的东西，意识不到有的人可能不喜欢糖果，因此常常根据经验对事件做出反应

续 表

提出者	儿童认知发展阶段	特点
罗伯特·塞尔曼	有区分的主观视角采纳阶段	该阶段的儿童年龄范围为5～9岁，这一时期的儿童开始意识到他人可能会有不同的观点，然而其对于他人的判断仍然依赖于外在的观察，无法真正站在对方的立场进行思考，也不能准确判断对方的观点是什么，不能理解他人观点与自己观点存在差异的原因。因此，这一阶段的儿童对他人视角的构想是单方面的。单纯地认为他人的行动即是他人的想法，而不能对他人行动之前的思维进行深入的观察和了解
	自我反射思考或互换视角采纳阶段	该阶段的儿童年龄范围为7～12岁，这一时期的儿童逐渐意识到面对相同的信息或事物，自己的观点可能会与他人的观点产生冲突。该阶段的儿童会反过来扮演他人的角色，从而考虑他人的观点，与此同时认识到他人的观点和自己的观点一样合理。在行动上可以理解他人的观点，并对他人的观点和行为进行预期，例如，在这一阶段，儿童能够认识到父母对自己的惩罚是出于对自身有利的视角
	第三人或共同视角采纳阶段	该阶段的儿童年龄范围为10～15岁，这一时期的儿童能够同时考虑自己和他人的观点，并能以旁观者的身份或从旁观者的角度对事件作出解释或反应。这一阶段，儿童的自我意识的程度增加，认识到个体与他人之间发生冲突是由于双方的原因，例如，这一时期的儿童能够正视老师的评价
	深度社会视角采纳阶段	该阶段的儿童年龄范围为12～15岁，这一时期的儿童开始通过社会系统和信息来对自己和他人的观点进行分析和比较，这种视角又反过来推动儿童对于自己和他人观点的深度理解，从而推动双方更好地进行沟通

从上表可以看出，不同年龄阶段儿童的认知发展特点不同，语文师范生在教学中也应从儿童的认知发展规律着手，深入了解不同阶段的中小学生的认知特点（见表5-4）。

表5-4 不同阶段的中小学生的认知特点

项目	小学生	初中生	高中生
注意力特点	小学生的注意力在不同阶段呈现出不同的特点。随着年龄的增长，小学生的注意力越发集中。7~10岁小学生的注意力集中时长为20分钟左右；10~12岁小学生的注意力集中时长为25分钟左右；12~15岁小学生的注意力集中时长为30分钟左右	初中生的无意注意与有意注意的发展和深化。无意注意不断发展和深化，兴趣爱好逐渐稳定；有意注意占有优势地位，注意特征存在个体差异	高中阶段是人的记忆力发展的最佳时期，高中生的注意集中性和稳定性有了很好的发展
知觉特点	小学生的知觉迅速发展，其知觉认识集中在表面现象和个人特征方面，往往对时间和空间的感知并不全面	初中生知觉的有意性和目的性提高，知觉的精确性和概括性得到发展，初中生的空间和时间知觉有了新的发展	高中生的直觉和观察水平不断提高，其稳定性和持久性都比初中生有了很大的提高
记忆特点	小学生的记忆力逐渐从无意记忆发展为有意记忆，机械记忆和意义记忆的效果随年龄增长，记忆容量增大，保持记忆的时间增长，形象记忆和逻辑记忆的能力增强	初中生记忆的容量日益增大，短时记忆广度接近成人，对直观形象材料的记忆要优于抽象材料，对图像记忆要优于词语记忆。初中生能主动选择记忆方法，有意记忆逐渐占据主导地位。随着年龄的增长，理解记忆逐渐成为主要的记忆手段，抽象记忆的发展速度较快，逐渐占据主导地位	高中生记忆的容量和持久性获得较大提高
思维特点	小学生的思维从以详尽形象思维为主要形式逐步向以抽象逻辑思维为主要形式过渡。小学生的抽象逻辑思维在很大程度上仍是直接与感性经验相联系的，具有很大成分的详尽形象性	初中生的思维能力得到迅速发展，抽象逻辑思维逐渐处于优势地位。在整个中学阶段中，形式逻辑思维逐渐发展，且占据主导地位，辩证逻辑思维发展迅速	高中生的思维发展达到了新的水平，具有更高的抽象概括性、反省性和监控性的特点

续 表

项目	小学生	初中生	高中生
智力特点	小学生的智力水平处于快速发展时期	初中生的智力水平得到飞跃性提高，智力发展进入关键期，智力基本达到成熟，各方面智力发展不等速，并存在个体差异	高中生的智力水平已接近成人水平

顶岗实习模式下语文师范生在对不同年龄阶段的学生进行教学评价时，将教学评价作为师生互动的重要手段，引导学生通过教师的教学评价不断提升自身的学习水平。

二、顶岗实习模式下语文师范生教学评价能力培养的机遇

语文师范生教学评价能力的培养既应包括理论教育，也应包括实践教育。顶岗实习作为一种语文师范生教学实践的模式，属于协同育人模式，使语文师范生得以走出校门，走进真实的中小学，在真实的教学环境中进行实践教学。顶岗实习模式下语文师范生教学评价能力培养的机遇主要表现在以下几个方面。

（一）顶岗实习模式为语文师范生提供了观察教学对象的重要机遇

语文课程是工具性与人文性的统一，语文教师除了承担着对学生进行知识培养的责任之外，还承担着培养学生人文素养的重要职责。以中学语文教材中的传统文化知识为例，中学语文教材中涉及多样化的中国传统文化知识（见表5-5）。这些中国传统文化知识虽然大多以知识点的形式出现，但是教师应对这些知识掌握得较为系统和深入，唯有如此才能在涉及相关传统文化教学中游刃有余，取得良好的教学效果。

表5-5 我国部编版中学语文教材中的传统文化知识

序号	类型	内容
1	中国古代哲学	儒家思想、道家思想、墨家思想、法家思想的代表人物和特点
2	中国古代史学	古代重要史书典籍中部分作品选读

续 表

序号	类型	内容
3	中国古代文学与艺术	戏曲文化、古诗词文化、历代代表性古文作品、书法文化、音乐文化、绘画文化
4	中国古代科学技术	四大发明、天文知识（节气、星宿、纪日与纪时方法、干支纪年法）
5	民俗文化	传统节日及习俗、祭祀文化、姓氏文化、饮食文化、服饰文化、建筑文化
6	道德伦理文化	礼仪知识
7	制度文化	古代人才选拔知识、科举文化、代表性官职制度
8	语言文化	古代汉字演变文化、对联文化、称谓文化

除了传统文化知识之外，我国部编版中学语文教材中还包含大量科学与人文知识。此外，语文教育的人文性最主要体现在"以人为本"的教育理念中，承认个性差异，尊重个性的健康发展。而我国基础语文教育中"以人为本"的教育理念的贯彻在教学评价环节中体现得尤其明显。语文教师应当根据不同学生的课堂表现和作业表现判断学生对知识的掌握能力，并且通过教学评价的方式，给予学生反馈，引导学生积极弥补自身不足，继续发扬自身优势。

语文师范生在进行教学评价时，需要把握学生的认知发展和心理发展的阶段。然而，语文师范生在师范院校所学习的儿童认知发展和心理发展的理论知识，只有与实践相结合才能够发挥其作用。而在顶岗实习模式下语文师范生可以近距离观察实习学校中不同阶段学生的学习表现，将其与儿童认知发展和心理发展的理论知识结合起来相互印证，这样有利于不断培养和提升语文师范生对不同年龄阶段学生心理把握的准确度，为语文师范生因材施教和提升教学评价能力创造前所未有的机遇。

（二）顶岗实习模式为语文师范生提供了教学评价观摩的机遇

评价，作为师生交流的有效方式，贯穿于课堂教学的始终。顶岗实习模式为语文师范生提供了教学评价观摩的机会，能够使语文师范生从中充分感受教学评价的重要性，学习教学评价的方式和方法。

1. 顶岗实习模式为语文师范生提供了认识教学评价重要性的机遇

在语文师范生教学评价能力的培养过程中，应当使其充分认识教学评价的重要性。顶岗实习模式下语文师范生往往需要参与大量、各种各样的听评课。在听评课活动中，语文师范生能够充分获得观察授课教师对学生进行教学评价的机会，近距离感受教学评价为学生带来的积极教学影响。

2. 顶岗实习模式为语文师范生提供了学习教学评价方式和方法的机遇

教学评价贯穿课堂教学的始终，渗透在教学过程的各个环节之中。语文师范生充分掌握教学评价的方式和方法，有利于培养和提升语文师范生的教学评价能力。

课堂教学评价的方式和方法具有多样性的特点。在教学中，评价应注重学生的体验，注重实效；评价结果要采用具体描述的方式。在课堂教学中，不仅要对知识的掌握程度，还要对学生的情感、态度、价值观以及创新精神、合作能力、学习习惯等方面进行评价。此外，课堂评价还应着重于加强学生自我认识、自我反省、自我评价的能力。顶岗实习模式为语文师范生提供了学习教学评价方式和方法的机遇。以教学评价语言为例，教学评价语言是教师或师范生进行教学评价的重要工具。教师的评价应该是建立在正确客观的基础上的激励和导向，必须以真实为前提，把实事求是作为一切评判的基础。教师既要有表扬和肯定的技巧，又要有批评和否定的勇气和智慧。因此，教师评价语言应当具有准确性和客观性的特点。教师也不能一味赞扬学生，应当敢于否定学生，指出学生改进的方向。在学生回答问题时，教师要有较强的听辨能力，客观、准确地指出学生的长处与不足，既对学生表现出色之处给予肯定，又针对性地提醒并纠正学生的问题。

此外，教师的教学评价语言还应符合不同年龄阶段学生的特点，表现出多样性的特点。小学生对事物缺乏定性，如果教师总是惯用几句评价语，他们就会产生"听觉疲劳"。小学生还具有超强的模仿能力，会有意识地模仿老师的说话方式。教师在进行教学评价时还需要考虑评价语言给予学生的有益启示和帮助。因此，教师或师范生应当适时变换评价语言，多用比喻、排比等修辞手法，吸引学生的注意力。

在顶岗实习的听评课活动中，语文师范生可以充分学习不同授课教师的教学评价语言，并且观察不同教学语言对学生的影响，从而达到培养和提升教学评价语言能力的效果。除此之外，顶岗实习模式下语文师范生借助听评课的机遇，还可以学习不同授课教师的评价态度、评价体态语，以及对授课教师评价表现背后的评价思路进行反思，不断提升自身的综合教学评价能力。

（三）顶岗实习模式为语文师范生提供了教学评价实践的良好机遇

语文教学是一门实践教学，再多的理论与反思只有在教学实践中才能得到检验。不同语文师范生的性格特点不同，其教学风格也呈现出千差万别的特点。顶岗实习模式为语文师范生提供了教学评价实践的良好机遇，有利于全面提升语文师范生的教学评价实践能力。

顶岗实习模式下，语文师范生在实习期间，实习学校不可避免地要进行各种测试，以检验其教学成果，调整之后的教学重难点和教学进度。在基础教育阶段，学生们正处于形成世界观、人生观、价值观的关键期，作为未来的语文教师，在实习实践中，必须引导和努力培养学生的科学探索精神。在教学评价方面，要积极正确地评价每一位学生，确保教学的严谨性。

顶岗实习模式下，教学经验的积累和教训经验的总结，对语文师范生今后提高从教的教学评价水平有着特殊的意义。在新课标的要求下，基础教育实行以学生为主体的教学理念，提倡学生是教学活动的主体。学生在观察、讨论、交流的过程中进行自发的、主动的、积极的学习，教师从而成为教学活动的组织者、指导者与参与者。教师要注重学生在学习过程中的感受和体验，教师的评价要做到尽量照顾全班学生，并且分层次、分阶段对学生进行教学评价，切忌一棒子打死。

在顶岗实习中，语文师范生既可以使用教学评价作为全面考查学生学习状况的标准，也可以将教学评价作为教师反思的有力手段。语文师范生对学生的学习评价，既要关注学生语文学科学习的结果，更要关注他们在学习过程中的发展。基础教育阶段中基础知识的学习和基础能力的培养至关重要，语文师范生在教学评价中应当注重学生对基础知识的掌握，通过鼓励和肯定不断提高学生学习的积极性。

1. 顶岗实习模式有利于培养和提升语文师范生的教学评价语言能力

顶岗实习模式下，语文师范生得以在一个学期的时间内与特定年级、班级的学生朝夕相处，充分了解特定班级学生的个性与特点，并系统地对学生进行课堂教学评价、作业评价、课外表现评价，有利于系统培养和提升语文师范生的教学评价语言能力。例如，课堂教学评价语言应当与特定的教学氛围和教学情境相关，作业评价语言则应以作业为主，课外表现评价语言更加灵活和自由。无论哪一种教学评价语言均需要讲求艺术，做到准确得体，在语文课堂上对学生进行适时的鼓励。因此，在顶岗实习模式下，语文师范生能够得以通过多种不同模式下的评价语言，充分认识教学评价语言对学生的影响，并在具体实践中，从学生对评价语言的反馈中及时进行评价语言的调整，做到因材施教，最终实现培养和提升教学评价语言能力的目的。

2. 顶岗实习模式有利于形成语文师范生教学评价的风格

教学评价是教师风格的重要组成部分，不同教师的教学评价方法和具体用语是不同的。顶岗实习模式为语文师范生提供了进行教学评价实践的机遇，在这一过程中，语文师范生通过听评课对其他一线教师的教学评价和教学风格进行观察和思考，结合自身的性格特点，可以逐渐摸索出个人教学评价的风格。

3. 顶岗实习模式有利于语文师范生进行教学评价创新

顶岗实习模式下语文师范生经过整个学期的教学实践后，能够从日常教学实践和大量听评课中总结和摸索出适合自身教学风格的教学评价。通过总结教学评价方法，并在具体教学情境中进行教学评价实践，语文师范生能够进行教学评价创新，这样也有利于培养和提升语文师范生进行教学评价创新的能力。

三、顶岗实习模式下语文师范生教学评价能力的培养路径

顶岗实习模式下，语文师范生教学评价能力的培养可从以下路径着手。

（一）借助岗前培训培养和提升语文师范生的教学评价能力

岗前培训的类型大体可以分为两种类型，一种是师范院校组织的校内岗前培训；另一种则是实习学校组织的岗前培训。无论哪一种类型的岗前培训，均应重视语文师范生的教学评价能力的培养。

教学实践活动具有较强的实践性，同时也离不开教育教学理论的支持与指导。师范院校可通过将语文师范生的教学评价能力纳入教学范畴的方式，重点培养语文师范生的教学评价理论知识。例如，儿童认知心理发展、教学评价的类型及作用等。

教学评价的基本类型，根据不同标准可以划分为多种类型。（1）根据教学评价的作用，可以划分为诊断性评价、形成性评价和总结性评价；（2）根据评价采用的标准，可以划分为绝对性评价、相对性评价；（3）按照评价流程，可以划分为过程性评价和终结性评价（见表5-6）。

表5-6 教学评价的基本类型

评价类型	特点	特点/要求
诊断性评价	诊断性评价是在学期开始或一个单元教学开始时，为了解学生的学习准备状况及影响学习的因素而进行的评价，包括考试、测验等方式所获得的评价	1. 检查学生的学习准备程度 2. 决定学生因材施教的方法 3. 辨别学生教学评价语言应当采用的方法
形成性评价	形成性评价是在教学过程中为改进和完善教学活动而进行的对学生学习过程及结果的评价。它包括在一节课或一个课题的教学中对学生的口头提问和书面测验	1. 改进学生的学习 2. 为学生的学习定位 3. 强化学生的学习 4. 为教师提供反馈
总结性评价	总结性评价也称为终结性评价，是在一个学习阶段、一个学期或一门课程结束时，对学生学习结果的评价。总结性评价注重考查学生掌握某门学科的整体程度，概括水平较高，测验内容范围较广，常在学期中或学期末进行	1. 证明学生掌握知识、技能的程度和能力水平，以及达到教学目标的程度 2. 确定学生在后续教学活动中的学习起点 3. 为制定新的教学目标提供依据，根据评价结果对教学进行反馈和评价
绝对性评价	绝对性评价主要依据教学目标和教材编制测试来判断学生是否达到了教学目标的要求，而不以评定学生之间的差异为目的	可以衡量学生的实际水平，了解学生对知识、技能的掌握情况，它关心的是学生掌握了什么、能做什么或没掌握什么、不能做什么，较少用于中小学生课堂评价
相对性评价	相对性评价又称为常模参照性评价，是运用常模参照性测验对学生进行的评价	相对性评价不能明确表示学生的真正水平，不能表明他在学业上是否达到了特定的标准，对于个人的努力状况和进步的程度也不够重视，较少用于中小学生课堂评价
个体内差异评价	对被评价者的过去和现在进行比较，或将评价对象的不同方面进行比较	强调从学生学习的不同阶段对学生的表现进行评价，从而对教学进行反馈和评价

续表

评价类型	特点	特点/要求
过程性评价	关注教学过程，注重教学的动态性评价	关注教学过程中学生的反应和表现，将教学过程中形成的各方面意见进行汇总，从而形成有针对性的教学评价
终结性评价	以阶段性成果判断教学质量，对教师教学进行评价	通过某一教学阶段结束后的测验对学生的知识掌握情况进行检查，从而对教学进行反馈，是一种传统的教学评价手段，具有一定的片面性和单一性

与师范院校的岗前培训不同，实习学校的岗前培训除了对语文师范生进行必要的教学评价理论知识培训之外，还将教学评价培训与听评课等结合起来，针对教学评价实践进行分析。

（二）借助听评课培养和提升语文师范生的教学评价能力

听评课作为语文师范生在顶岗实习期间常用的教学方法，能够增强语文师范生教学评价的感受力，有利于引导语文师范生形成个性化的教学评价风格。教学风格指教学活动的特色，是教师的教育思想、个性特点、教育技巧在教育过程中独特的、和谐的结合和经常性的表现。教师的教学风格通常具有教学的艺术性、创造性、实效性以及心理品质的稳定性等特点。教师的教学风格大体可以划分为理智型、自然型、情感型和幽默型四类（见表5-7）。

表5-7 教学风格的类型

教学风格	特点	教学评价特点
理智型	教师讲课深入浅出、条理清楚、层层剖析、环环相扣、论证严密、结构严谨，用思维的逻辑力量吸引学生的注意力	教学评价的风格与讲课风格相一致，通常具有较强的严谨性和启发性，有利于引导学生独立思考问题
自然型	教师讲课亲切自然、朴素无华，没有矫揉造作，也不刻意渲染，而是娓娓道来、细细诱导，师生在一种平等、协作、和谐的气氛下，进行默默的双向交流	教学评价风格如同讲课风格一般，教师能够通过细微的观察，对学生进行针对性评价，将教学评价融入简朴真实的教学情景之中

续表

教学风格	特点	教学评价特点
情感型	教师讲课情绪饱满,把对科学文化的热爱和追求融于对学生的关爱和期望之中,充满对人的尊重	教学评价风格更具情感性,对学生进行知识训练的同时,陶冶学生的情感,尤其擅长使用带有强烈情感的教学语言评价学生,激发学生学习的积极性
幽默型	教师讲课生动形象、机智诙谐、妙语连珠、动人心弦	教学评价也多用创意性语言,能够较为形象诙谐地给予学生鼓励和启发

教师教学风格的形成需要经过长期教学实践的摸索。一般而言,教学风格形成的基本模式为:模仿—选择—定向—创新。这一模式同样适用于语文师范生教学评价风格的形成。

模仿是语文师范生形成教学评价风格的第一步,无论是哪一位教师的教学评价风格,均开始于模仿。模仿的目的不是照搬,而是为了熟悉他人的教学评价艺术,并在此基础上对个人教学评价风格进行完善。一味模仿他人的教学风格,只会弄巧成拙。

顶岗实习模式下的听评课活动为语文师范生提供了大量实地感受一线语文教师教学评价风格的机会,便于语文师范生对他人的教学评价风格进行模仿与学习。在充分模仿之后,语文师范生可以根据个人兴趣、爱好、特长、心理、生理条件等,选择适合自己个性的教学评价风格。而确认教学评价风格之后,语文师范生则需要在顶岗实习的课堂教学实践中进行大量练习,有意识地进行教学评价,按照个人的教学评价风格对学生进行评价。经过长时间的练习,语文师范生在未来走上工作岗位后,可以继续沿用这一教学评价风格,并在海量教学实践的基础上进行教学评价风格的创新。从这一视角来看,听评课在培养和提升语文师范生的教学评价能力中起着极其重要的作用。

(三)借助专题教研培养和提升语文师范生的教学评价能力

教研活动是中小学常用的教育活动,有利于总结一段时间内的教学经验,研究教育教学理论的新方向。顶岗实习模式下语文师范生应在实习指导老师的带领下积极参加教研活动。师范院校可以与实习学校合作,通过设置教学评价专题教研活动的方式,不断培养和提升语文师范生的教学评价能力。以D师范大学为例,D师范大学附属中学于2021年开展了"基于课程标准的教学与评价"主题的教研活动。该活动通过教学展示、微报告、教学点评等方式,重点关注教师教学评价的作用和方法，探索基础教育教学中进行教学评价的方式和方法。

（四）借助实习期教学评价培养和提升语文师范生的教学评价能力

实习期的教学评价是对顶岗实习师范生整体教学能力的评价，将教学评价能力纳入实习期教学评价中，有利于语文师范生反思实习期间的教学活动以及在教学活动中进行的各种教学评价，从而达到不断培养和提升语文师范生教学评价能力的目的。

综上所述，顶岗实习模式为语文师范生教学评价能力的培养提供了极为难得的机遇，有利于师范院校和实习学校在协同育人理念下通过多种路径培养和提升语文师范生的教学评价能力。

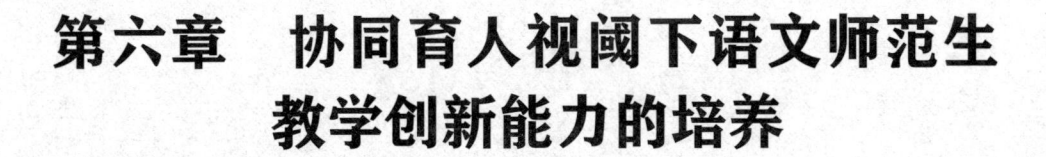

第六章 协同育人视阈下语文师范生教学创新能力的培养

第一节　语文师范生创新教学理念能力的培养

教学理念是指教师在职前教育、教学实践和时代精神等多种因素的影响下逐渐形成的关于教学的理性认识，主要通过教师观、教学观、课程观和教学目的观等体现和表征出来。[①] 本节主要对顶岗实习模式下语文师范生创新教学理念能力的培养进行详细分析。

一、语文教学理念概述

语文教学不仅是基础学科教学，还直接关系着学生的人文素养教育。自1949年以来，语文学科始终是我国基础教育阶段的教学重点。语文教学遵循以教师为主体的教学理念。以教师为主体的教学理念，属于知识灌输式教学。在教学中，教师是课堂的主体，享有绝对的课堂权威性。教师通过采用知识灌输为主的方式实现教学目的。这种传统的教学理念，既不重视学生的主体地位，教学效果又不甚理想。

进入21世纪以来，随着我国社会对青少年早期教育的重视，以及互联网信息技术的发展，学生的认知水平和认知心理较之前发生了较大变化，教师不再是知识或信息的唯一掌握者，课堂学习也不再是学生学习外界知识的唯一途径。在课程改革的背景下，我国基础教育阶段的语文教学理念发生了转变，从以教师为主体转变为以学生为主体。

以人为本的教学理念，又可称之为"以生为本"，即把学生放在教学的第一位，将重视人、理解人、尊重人、爱护人、提升和发展人的精神贯穿于教育教学的全过程。在教学活动中，学生不仅学习课本知识，还能获得综合素质和综合能力的全面发展。以人为本的教学理念，既尊重学生，又尊重教师，要求教师在教学中从学生的需求出发，进行教学计划，在教学中培养学生的多种能力。全面发展的教学理念则是指全面培养学生的德智体美劳各方面的素质和能力，促进学生的全面和谐发展。

语文教学理念是语文教学实践的目标和方向，在语文教学中起着极其重要的作用。中小学语文作为中小学阶段学生的必学课程，能够全面提升中小学

[①] 谭素.职业教育现代转型背景下中职教师教学理念的创新[D].长沙：湖南农业大学，2017.

生的语文素养,并对今后学生的语文学习和成长产生积极影响。合理、适时、有效的教学理念能够提升学生的学习效果,确保教学目标的达成。

二、语文教学理念改革的背景

2022年4月,教育部印发《义务教育课程方案和课程标准》(2022年版)。新修订的义务教育课程以习近平新时代中国特色社会主义思想为指导,落实立德树人根本任务,强调育人为本,依据"有理想、有本领、有担当"时代新人的培养要求,明确了义务教育阶段的培养目标。

《义务教育课程方案和课程标准》(2022年版)的修订原则,坚持目标导向、问题导向和创新导向,对课程方案和课程标准进行了改革。同时,《义务教育课程方案和课程标准》(2022年版)明确了各科目教学在九年义务教育中的总课时占比。其中,语文学科占总科目比例的20%～22%,是所有学科中占比最大的学科(见表6-1)。

表6-1 义务教育课程方案和课程标准(2022年版)改革重点一览表

项目	导向/重点	主要内容
义务教育课程修订思路	坚持目标导向	认真学习领会习近平新时代中国特色社会主义思想,深入理解习近平总书记关于教育的重要论述,准确把握中央关于教育改革的各项要求,确立课程修订的根本遵循。对重大主题教育进行整体规划、系统安排,充分反映习近平新时代中国特色社会主义思想,有机融入社会主义先进文化、革命文化和中华优秀传统文化,全面落实有理想、有本领、有担当时代新人的培养要求,强化课程思想性
	坚持问题导向	全面梳理分析课程改革的困难和问题,明确修订重点和任务,注重对实际问题的有效回应。遵循学生身心发展规律,强化一体化设置,促进学段间的衔接,提升课程科学性、系统性。优化课程设置,细化学科育人目标,明确实施要求,增强课程指导性、可操作性
	坚持创新导向	进一步深化改革,既注重继承我国课程建设的成功经验,也充分借鉴国际课程改革新成果,更新教育理念,体现中国特色,增强课程综合性、实践性,引导育人方式变革,着力发展学生核心素养。坚持与时俱进,反映经济社会发展新变化、科学技术进步新成果,更新课程内容,体现时代性

续表

项目	导向/重点	主要内容
修订后的课程方案的变化	完善了培养目标	全面落实习近平总书记关于培养担当民族复兴大任时代新人的要求，结合义务教育性质及课程定位，从有理想、有本领、有担当三个方面，明确义务教育阶段时代新人培养的具体要求
	优化了课程设置	整合小学原品德与生活、品德与社会和初中原思想品德为"道德与法治"，进行九年一体化设计，改革艺术课程设置。一至七年级以音乐、美术为主线，融入舞蹈、戏剧、影视等内容；八至九年级分项选择开设。科学、综合实践活动开设起始年级提前至一年级。落实中央要求，将劳动、信息科技及其所占课时从综合实践活动课程中独立出来
	细化了实施要求	增加课程标准编制与教材编写基本要求；明确省级教育行政部门和学校课程实施职责、制度规范，以及教学改革方向和评价改革重点，对培训、教科研提出了具体要求；健全实施机制，强化监测与督导要求
改革重点	强调素养导向	注重培育学生终身发展和适应社会发展所需要的核心素养，特别是真实情境中解决问题的能力，基于核心素养确立课程目标，遴选课程内容，研制学业质量标准，推进考试评价改革
	优化课程内容组织形式	跳出学科知识罗列的窠臼，按照学生学习逻辑组织呈现课程内容，加强与学生经验、现实生活、社会实践的联系，通过主题、项目、任务等形式整合课程内容，突出主干，去除冗余
	突出实践育人	强化课程与生产劳动、社会实践的结合，强调知行合一，倡导做中学、用中学、创中学，注重引导学生参与学科探究活动，开展跨学科实践，经历发现问题、解决问题、建构知识、运用知识的过程，让认识基于实践、通过实践得到提升，克服认识与实践"两张皮"现象
语文课程标准思想性保障	细化培养要求	明确了道德与法治课程政治认同、道德修养、法治观念、健全人格、责任意识，语文课程文化自信、语言运用、思维能力、审美创造，历史课程唯物史观、时空观念、史料实证、历史解释、家国情怀等培养要求
	充实更新课程内容	对标党的十九届六中全会公报和决议，重点组织三科修订组对课程标准做了进一步充实更新，补充了有关党的百年奋斗重大成就、历史经验等内容，规范了有关表述

续表

项目	导向/重点	主要内容
语文课程标准思想性保障	紧密联系生活实际	精选学生听得到、看得见、摸得着的标志性成果、突破性进展和普遍性经验等，让学生感受体会新时代党和国家事业取得的历史性成就、发生的历史性变革及新鲜经验

从《义务教育课程方案和课程标准》（2022年版）的改革重点可以看出，语文学科在义务教育课程中的占比量持续增加，义务教育阶段语文学科的培养目标、课程设置和实施要求均发生了较大变化。如果仍然按照传统的语文教学理念进行教学，势必会影响教学效果，无法达成《义务教育课程方案和课程标准》（2022年版）的要求。因此，在义务教育阶段推行新的教学理念势在必行。

在《义务教育语文课程标准》（2022年版）（以下简称为《标准》）中，对语文课程性质进行了全面介绍，强调了语文课程的工具性和人文性相统一的特点，要求语文课程应当致力于全体学生核心素养的形成与发展，为学生学好其他课程打下基础；为学生形成正确的世界观、人生观、价值观，形成良好个性和健全人格打下基础；为培养学生求真创新的精神、实践能力和合作交流能力，促进德智体美劳全面发展及学生的终身发展打下基础。除此之外，《标准》中还强调了语文课程在推广普及国家通用语言文字，增强凝聚力，铸牢中华民族共同体意识，建立文化自信，培育时代新人，实现中华民族伟大复兴具有不可替代的优势。

作为一门具有多重功能和奠基作用的学科，语文学科在基础教育阶段具有举足轻重的地位。《标准》中指出，义务教育阶段的语文课程应当遵循以下五个理念。

（一）立足学生核心素养发展，充分发挥语文课程育人功能

义务教育语文课程围绕立德树人的根本任务，充分发挥其独特的育人功能和奠基作用，以促进学生核心素养发展为目的，以识字与写字、阅读与鉴赏、表达与交流、梳理与探究等语文实践活动为主线，综合构建素养型课程目标体系；面向全体学生，突出基础性，使学生初步学会运用国家通用语言文字进行交流沟通，吸收古今中外优秀文化成果，提升思想文化修养，建立文化自信，德智体美劳得到全面发展。

（二）构建语文学习任务群，注重课程的阶段性与发展性

义务教育语文课程结构遵循学生身心发展规律和核心素养形成的内在逻

辑，以生活为基础，以语文实践活动为主线，以学习主题为引领，以学习任务为载体，整合学习内容、情境、方法和资源等要素，设计语文学习任务群。学习任务群的安排注重整体规划，根据学段特征，突出不同学段学生核心素养发展的需求，体现连贯性和适应性。

（三）突出课程内容的时代性和典范性，加强课程内容整合

义务教育语文课程突出内容的时代性，充分吸收语言、文学研究新成果，关注数字时代语言生活的新发展，体现学习资源的新变化。强调内容的典范性，精选文质兼美的作品，重视对学生思想情感的熏陶感染作用；重视价值取向，突出中华优秀传统文化。注重课程内容与生活、其他学科的联系；注重听说读写的整合，促进知识与能力、过程与方法、情感态度与价值观的整体发展。根据"六三"学制和"五四"学制各自的特点，合理组织与安排课程内容。

（四）增强课程实施的情境性和实践性，促进学习方式的变革

义务教育语文课程实施从学生语文生活实际出发，创设丰富多样的学习情境，设计富有挑战性的学习任务，激发学生的好奇心、想象力、求知欲，促进学生自主、合作、探究学习；引导学生注重积累、勤于思考、乐于实践、勇于探索，养成良好的学习习惯；关注个体差异和不同的学习需求，鼓励自主阅读、自由表达；倡导少做题、多读书、好读书、读好书、读整本书；注重阅读引导，培养读书兴趣，提高读书品位，充分发挥现代信息技术的支持作用，拓展语文学习空间，提高语文学习能力。

（五）倡导课程评价的过程性和整体性，重视评价的导向作用

义务教育语文课程评价要有利于促进学生学习，改进教师教学，全面落实语文课程目标。课程评价应准确反映学生的语文学习水平和学习状况，注重考察学生的语言文字运用能力、思维过程、审美情趣和价值立场，关注学生学习过程和学习进步。根据不同年龄阶段学生的学习特点和不同学段的学习目标，选用恰当的评价方式，抓住关键，突出重点，加强语文课程评价的整体性和综合性。注重评价主体的多元与互动，以及多种评价方式的综合运用，充分利用现代信息技术促进评价方式的变革。

在以上课程理念的基础上，围绕培养中小学生核心素养，体现课程性质和反映课程理念的基础上，确立了课程目标，并对一至九年级不同学段学生的课程内容进行了具体规定。

根据《义务教育课程方案和课程标准（2022年版）》中提出的课程理念可以看出，中小学语文教学应当树立"大语文"观，在教学实践中不断进行教学理念的创新。

三、顶岗实习模式下语文师范生创新教学理念能力培养的机遇与路径

《义务教育课程方案和课程标准（2022年版）》中指出依据"六三"学制设定学段要求。"五四"学制第二学段（3～5年级）主要参照"六三"学制第三学段（5～6年级）确定，适当降低要求。"五四"学制第三学段（6～7年级）在"六三"学制第三学段（5～6年级）的基础上合理提高要求，并结合"六三"学制第四学段（7～9年级）确定，使"五四"学制6～9年级进阶更加科学。对不同学段学生的识字与写字、阅读与鉴赏、表达与交流、梳理与探究等目标提出了具体要求（见表6-2）。

表6-2　义务教育阶段不同学段学生语文能力的要求

学段	能力	具体要求
第一学段（1～2年级）	【识字与写字】	1. 喜欢学习汉字，有主动识字、写字的愿望。认识常用汉字1600个左右，其中800个左右会写 2. 学会汉语拼音。能读准声母、韵母、声调和整体认读音节。能准确地拼读音节，正确书写声母、韵母和音节。认识大写字母，熟记《汉语拼音字母表》 3. 掌握汉字的基本笔画和常用的偏旁部首，能按基本的笔顺规则用硬笔写字，注意间架结构，初步感受汉字的形体美。努力养成良好的写字习惯，写字姿势正确，书写规范、端正、整洁 4. 学习独立识字。能借助汉语拼音认读汉字，学会用音序检字法和部首检字法查字典
	【阅读与鉴赏】	1. 喜欢阅读，感受阅读的乐趣。学习用普通话正确、流利、有感情地朗读课文，学习默读 2. 结合上下文和生活实际了解课文中词句的意思，在阅读中积累词语，认识课文中出现的常用标点符号。在阅读中体会句号、问号、感叹号所表达的不同语气。借助读物中的图画阅读 3. 阅读浅近的童话、寓言、故事，向往美好的情境，关心自然和生命，对感兴趣的人物和事件有自己的感受和想法，并乐于与他人交流。诵读儿歌、儿童诗和浅近的古诗，展开想象，获得初步的情感体验，感受语言的优美

续 表

学段	能力	具体要求
第一学段（1~2年级）	【阅读与鉴赏】	4. 尝试阅读整本书，用自己喜欢的方式向他人介绍读过的书，养成爱护图书的习惯 5. 积累自己喜欢的成语和格言警句。背诵优秀诗文50篇（段）。课外阅读总量不少于5万字
	【表达与交流】	1. 学说普通话，逐步养成说普通话的习惯，有表达交流的自信心 2. 能认真听他人讲话，努力了解讲话的主要内容。听故事、看影视作品，能复述大意和自己感兴趣的情节。能较完整地讲述小故事，能简要讲述自己感兴趣的见闻。与他人交谈，态度自然大方，有礼貌。积极参加讨论，敢于发表自己的意见 3. 对写话有兴趣，留心周围事物，写自己想说的话，写想象中的事物。在写话中乐于运用阅读和生活中学到的词语 4. 根据表达的需要，学习使用逗号、句号、问号、感叹号
	【梳理与探究】	1. 观察字形，体会汉字部件之间的关系。梳理学过的字，感知汉字与生活的联系 2. 观察大自然，热心参加校园、社区活动，积累活动体验。结合语文学习，用口头或图文等方式整理、表达自己在活动中的见闻和想法 3. 对周围事物有好奇心，能就感兴趣的内容提出问题，结合其他学科的学习和生活经验交流讨论，尝试提出自己的看法 在落实以上要求过程中，注重引导学生关注中华优秀传统文化在日常生活中的表现，初步感受中华优秀传统文化的重要价值；初步懂得幸福生活是革命前辈浴血奋战、艰苦奋斗换来的，激发对革命领袖、革命家、英雄人物的崇敬之情
第二学段（3~4年级）	【识字与写字】	1. 对学习汉字有浓厚的兴趣，养成主动识字的习惯。累计认识常用汉字2500个左右，其中1600个左右会写。有初步的独立识字能力。能用音序检字法和部首检字法查字典、词典 2. 写字姿势正确，养成良好的书写习惯。能用硬笔熟练地书写正楷字，做到规范、端正、整洁。用毛笔临摹正楷字帖，感受汉字的书写特点和形体美 3. 能感知常用汉字形、音、义之间的联系，初步建立汉字与生活中事物、行为的联系，初步感受汉字的文化内涵
	【阅读与鉴赏】	1. 用普通话正确、流利、有感情地朗读课文。初步学会默读，做到不出声，不指读。学习略读，粗知文章大意 2. 能联系上下文，理解词句的意思，体会课文中关键词句表达情意的作用。能借助字典、词典和生活积累，理解生词的意义。在理解语句的过程中，体会句号与逗号的不同用法，了解冒号、引号的一般用法

续 表

学段	能力	具体要求
第二学段（3～4年级）	【阅读与鉴赏】	3.能初步把握文章的主要内容,体会文章表达的思想感情。学习圈点、批注等阅读方法。能对课文中不理解的地方提出疑问,乐于与他人讨论交流 4.能复述叙事性作品的大意,初步感受作品中生动的形象和优美的语言,关心作品中人物的命运和喜怒哀乐,与他人交流自己的阅读感受。诵读优秀诗文,注意在诵读过程中体验情感,展开想象,领悟诗文大意 5.阅读整本书,初步理解主要内容,主动和同学分享自己的阅读感受 6.积累课文中的优美词语、精彩句段,以及在课外阅读和生活中获得的语言材料。背诵优秀诗文50篇（段）。养成读书看报的习惯,收藏图书资料,乐于与同学交流。课外阅读总量不少于40万字
	【表达与交流】	1.乐于用口头、书面的方式与人交流沟通,愿意与他人分享,增强表达的自信心 2.能用普通话交谈,学会认真倾听,听人说话时能把握主要内容,并能简要转述。能就不理解的地方向人请教,就不同的意见与人商讨 3.能清楚明白地讲述见闻,说出自己的感受和想法。讲述故事力求具体生动。能主动参与日常生活中的文化活动,根据不同的场合,尝试运用合适的音量和语气与他人交流,有礼貌地请教、回应 4.观察周围世界,能不拘形式地写下自己的见闻、感受和想象,注意把自己觉得新奇有趣或印象最深、最受感动的内容写清楚。能用便条、简短的书信等进行交流。尝试在习作中运用自己平时积累的语言材料,特别是有新鲜感的词句 5.学习修改习作中有明显错误的词句。根据表达的需要,正确使用冒号、引号等标点符号。课内习作每学年16次左右
	【梳理与探究】	1.尝试分类整理学过的字词。尝试发现所学汉字形、音、义和书写的特点,帮助自己识字、写字 2.学习组织有趣味的语文实践活动,在活动中学习语文、学会合作。结合语文学习,观察大自然,观察社会,积极思考,运用书面或口头方式,并可尝试用表格、图像、音频等多种媒介,呈现自己的观察与探究所得 3.能提出学习和生活中的问题,有目的地搜集资料,共同讨论,尝试运用语文并结合其他学科知识解决问题。在落实以上要求过程中,注重感悟国家通用语言文字的文化内涵,初步认识中华优秀传统文化蕴含的思想和智慧;感悟革命英雄、模范人物的爱国主义情怀和高尚品质,激发向英雄模范学习的意愿和行动,培养对中国共产党和中华人民共和国的朴素情感,增强民族自豪感

续　表

学段	能力	具体要求
第三学段（5～6年级）	【识字与写字】	1. 有较强的独立识字能力。累计认识常用汉字3000个左右，其中2500个左右会写。感受汉字的构字组词特点，体会汉字蕴含的智慧 2. 写字姿势正确，有良好的书写习惯。硬笔书写楷书，行款整齐，力求美观，有一定的速度。能用毛笔书写楷书，在书写中体会汉字的优美
	【阅读与鉴赏】	1. 熟练地用普通话正确、流利、有感情地朗读课文。默读有一定的速度，默读一般读物每分钟不少于300字。学习浏览，扩大知识面，根据需要搜集信息 2. 能联系上下文和自己的积累，推想课文中有关词句的意思，辨别词语的感情色彩，体会其表达效果。在理解课文的过程中体会顿号与逗号、分号与句号的不同用法 3. 在阅读中了解文章的表达顺序，体会作者的思想感情，初步领悟文章的基本表达方法。在交流和讨论中，敢于提出看法，作出自己的判断 4. 阅读叙事性作品，了解事件梗概，能简单描述印象最深的场景、人物、细节，说出自己的喜爱、憎恶、崇敬、向往、同情等感受；阅读诗歌，大体把握诗意，想象诗歌描述的情境，体会作品的情感。受到优秀作品的感染和激励，向往和追求美好的理想 5. 阅读说明性文章，能抓住要点，了解文章的基本说明方法。阅读简单的非连续性文本，能从图、文等组合材料中找出有价值的信息。尝试使用多种媒介阅读 6. 阅读整本书，把握文本的主要内容，积极向同学推荐并说明理由 7. 背诵优秀诗文60篇（段），注意通过语调、韵律、节奏等体味作品的内容和情感。扩展阅读面，课外阅读总量不少于100万字
	【表达与交流】	1. 听人说话认真、耐心，能抓住要点，并能简要转述。乐于表达，与人交流能尊重和理解对方。注意语言美，抵制不文明的语言 2. 表达有条理，语气、语调适当。参与讨论，敢于发表自己的意见，说清自己的观点。能根据对象和场合，稍作准备，作简单的发言 3. 懂得写作是为了自我表达和与人交流。养成留心观察周围事物的习惯，有意识地丰富自己的见闻，珍视个人的独特感受，积累习作素材 4. 能写简单的纪实作文和想象作文，内容具体，感情真实。能根据内容表达的需要，分段表述。学写读书笔记，学写常见应用文 5. 修改自己的习作，并主动与他人交换修改，做到语句通顺、行款正确，书写规范、整洁。根据表达需要，正确使用常用的标点符号。习作要有一定速度。课内习作每学年16次左右

续 表

学段	能力	具体要求
第三学段（5～6年级）	【梳理与探究】	1. 分类整理学过的字词，发现所学汉字形、音、义和书写的特点，发展独立识字能力和写字能力 2. 感受不同媒介的表达效果，学习跨媒介阅读与运用，初步运用多种方法整理和呈现信息 3. 初步了解查找资料、运用资料的基本方法。利用图书馆、网络等渠道获取资料，解决与学习和生活相关的问题。尝试写简单的研究报告 4. 策划简单的校园活动和社会活动，对所策划的主题进行讨论和分析，学写活动计划和活动总结。对自己身边的、大家共同关注的问题，或影视作品中的故事和形象，通过调查访问、讨论演讲等方式，开展专题探究活动，学习辨别是非、善恶、美丑 在落实以上要求过程中，注重了解中华优秀传统文化的源远流长、丰富多彩，提升自身中华优秀传统文化修养；感受先贤志士的人格魅力，感悟老一辈无产阶级革命家的英雄气概、优良作风和高尚品质，体会捍卫民族尊严、维护国家利益和世界和平的伟大精神
第四学段（7～9年级）	【识字与写字】	1. 能熟练地使用字典、词典独立识字，会用多种检字方法。累计认识常用汉字3500个左右 2. 写字姿势正确，保持良好的书写习惯。在使用硬笔熟练地书写正楷字的基础上，学写规范、通行的行楷字，提高书写的速度。临摹、欣赏名家书法，体会书法的审美价值
	【阅读与鉴赏】	1. 能用普通话正确、流利、有感情地朗读。养成默读习惯，有一定的速度，阅读一般的现代文，每分钟不少于500字。能较熟练地运用略读和浏览的方法，扩大阅读范围 2. 在通读课文的基础上，厘清思路，理解、分析主要内容，体味和推敲重要词句在语言环境中的意义和作用。对课文的内容和表达有自己的心得，能提出自己的看法，并能与他人合作，共同探讨、分析、解决疑难问题 3. 在阅读中了解叙述、描写、说明、议论、抒情等表达方式。能区分写实作品与虚构作品，了解诗歌、散文、小说、戏剧等文学样式 4. 欣赏文学作品，有自己的情感体验，初步领悟作品的内涵，从中获得对自然、社会、人生的有益启示。能对作品中感人的情境和形象说出自己的体验，品味作品中富于表现力的语言 5. 阅读简单的议论文，能区分观点与材料（道理、事实、数据、图表等），发现观点与材料之间的联系，并通过自己的思考，作出判断。阅读新闻和说明性文章，能把握文章的基本观点，获取主要信息。阅读科技作品，还应注意领会作品中所体现的科学精神和科学思想方法。阅读由多种材料组合、较为复杂的非连续性文本，能领会文本的意思，得出有意义的结论

续　表

学段	能力	具体要求
第四学段（7～9年级）	【阅读与鉴赏】	6. 诵读古代诗词，阅读浅易文言文，能借助注释和工具书理解基本内容。注重积累、感悟和运用，提高自己的欣赏品位。背诵优秀诗文80篇（段） 7. 每学年阅读两三部名著，探索个性化的阅读方法，分享阅读感受，开展专题探究，建构阅读整本书的经验。感受经典名著的艺术魅力，丰富自己的精神世界 8. 随文学习基本的词汇、语法知识，用以帮助理解课文中的语言难点；了解常用的修辞手法，体会它们在课文中的表达效果。了解课文涉及的重要作家作品知识和文化常识 9. 能利用图书馆、网络搜集自己需要的信息和资料，帮助阅读。学会制订自己的阅读计划，广泛阅读各种类型的读物，课外阅读总量不少于260万字
	【表达与交流】	1. 注意对象和场合，学习文明得体地交流，耐心专注地倾听，能根据对方的话语、表情、手势等，理解对方的观点和意图 2. 自信、负责地表达自己的观点，做到清楚、连贯，不偏离话题。注意表情和语气，根据需要调整自己的表达内容和方式，不断提高应对能力，增强感染力和说服力 3. 讲述见闻，内容具体，语言生动。复述转述完整准确、突出要点。能就适当的话题作即席讲话和有准备的主题演讲，有自己的观点，有一定说服力。讨论问题，能积极发表自己的看法，有中心、有根据、有条理。能把握讨论的焦点，并能有针对性地发表意见 4. 多角度观察生活，发现生活的丰富多彩，能抓住事物的特征，为写作奠定基础。写作要有真情实感，表达自己对自然、社会、人生的感受、体验和思考，力求有创意 5. 写作时考虑不同的目的和对象。根据表达的需要，围绕表达中心，选择恰当的表达方式。合理安排内容，条理清楚地表达自己的意思。运用联想和想象，丰富表达的内容。正确使用常用的标点符号 6. 写记叙性文章，表达意图明确，内容具体充实；写简单的说明性文章，做到明白清楚；写简单的议论性文章，做到观点明确，有理有据；能根据生活需要，写常见应用文。能从文章中提取主要信息，进行缩写；能根据文章的基本内容和自己的合理想象，进行扩写；能变换文章的文体或表达方式，进行改写。尝试诗歌、小小说的写作 7. 注重写作过程中搜集素材、构思立意、列纲起草、修改加工等环节，提高独立写作的能力。根据表达的需要，借助语感和语文常识修改自己的作文，做到文从字顺。能与他人交流写作心得，互相评改作文，以分享感受，沟通见解。作文每学年一般不少于14次，其他练笔不少于1万字，45分钟能完成不少于500字的习作

续 表

学段	能力	具体要求
第四学段（7～9年级）	【梳理与探究】	1. 按照一定的标准分类整理学过的字词句篇等语言材料，梳理、反思自己语文学习的经验，努力提高语言文字运用能力，增强表达效果 2. 学习跨媒介阅读与运用，体会不同媒介的表达特点，根据需要选用合适的媒介呈现探究结果 3. 自主组织文学活动，在办刊、演出、讨论等活动过程中体验合作与成功的喜悦。关心学校、本地区和国内外大事，就共同关注的热点问题搜集资料，调查访问，相互讨论，能用文字、图表、图画、照片等展示学习成果 4. 能提出学习和生活中感兴趣的问题，共同讨论，选出研究主题，制订简单的研究计划。能从书刊或其他媒体中获取有关资料，讨论分析问题，独立或合作写出简单的研究报告。掌握查找资料、引用资料的基本方法，分清原始资料与间接资料，学会注明所援引资料的出处

明确《义务教育课程方案和课程标准（2022年版）》中对各学段学生的要求，有利于语文师范生在顶岗实习模式下用理论联系实际，明确创新教学理念能力的培养。

（一）顶岗实习模式下语文师范生创新教学理念能力培养的机遇

顶岗实习模式为语文师范生创新教学理念能力的培养提供了难得的机遇。任何教学理念的创新均需要建立在大量教学实践的基础上。顶岗实习模式下语文师范生需要到实习学校进行长达一整个学期的教学实践活动，语文师范生融入实习学校的日常教学活动，有利于语文师范生近距离观察中小学阶段的语文教学，并结合最新的基础教育政策，明确基础教育阶段语文课程教学改革中的重点和难点，并且在实际教学中进行教学反思，为今后语文师范生创新教学理念奠定坚实的基础。

以《义务教育课程方案和课程标准（2022年版）》中各学段的要求为例。与之前的语文课程相比，《义务教育课程方案和课程标准（2022年版）》中的内容组织呈现出新的特点，将教学内容划分为三个层面，即一个基础型学习任务群，包括语言文字的积累与梳理，此为第一层面的学习任务群；三个发展型学习任务群，即实用性阅读与交流、文字阅读与创新表达、思辨性阅读与表达，此为第二层面的学习任务群；两个拓展型学习任务群，即整本书的阅读和跨学科学习，此为第三层面的学习任务群。不同层面的学习任务群的侧重有所不同，体现出尊重学生学习规律的特点。

以基础型学习任务群为例。语言文字梳理要求教师在教学中引导学生在语文实践活动中，积累语言材料和语言经验，形成良好的语感；通过观察、分析、整理，发现汉字的构字组词特点，掌握语言文字运用的规范，感受汉字的文化内涵，奠定良好的语文基础。不同学段的学习内容存在较大的差异，要求教师在教学中根据学生的年龄特点和认知规律，联系学生的生活实际，结合识字内容，选择适宜的学习主题，创设学习情境。

在新的课程标准下，我国基础教育阶段的语文教学面临着重大改革，无论是即将走出校门的语文师范生，还是在工作岗位上从教多年的中小学语文教师，均面临着创新教学理念的任务。

顶岗实习模式作为师范院校、实习学校以及地方教育部门等多方协同合作的育人方式，能够为语文师范生创造前所未有的学习机遇。在顶岗实习模式下，除了进行教学实践之外，还可以为语文师范生搭建优秀一线教师合作平台，使语文师范生能够得到优秀一线教师的悉心指导和栽培，为语文师范生创新教育理念能力的培养提供机遇。

（二）顶岗实习模式下语文师范生创新教学理念能力的培养路径

顶岗实习模式下语文师范生创新教学理念能力的培养路径，可从以下几个方面着手。

1. 充分利用教研活动培养语文师范生创新教学理念的能力

2022年4月，教育部印发《义务教育课程标准》（2022年版，以下简称《标准》）后，由于各学科课程标准与之前相比发生了一系列变化，各地方教育机构和学校不可避免地对《标准》进行研究。教研会议作为专门进行教育教学研究的活动形式，是进行《标准》学习与研究的良好形式。以《标准》为例，语文教学作为义务教育阶段众多学科中占比最大的学科，其教学理念如何创新，教学实践中的注意事项，教学目标如何制定等均需要进行探索。地方教育机构和中小学往往围绕《标准》对具体教学实践进行研究，召开各种类型的教研会议。除此之外，师范院校作为培养未来教师人才的重要机构，也需要明确《标准》的相关内容，及时调整语文师范生的培养方向。

2. 充分利用权威机构对《标准》的解读，明确《标准》变化背后的趋势，培养语文师范生创新教学理念的能力

《标准》发布后，立即引发了社会热议，各种权威教育机构纷纷对《标准》进行解读，明确《标准》的变与不变，并且对《标准》变化背后我国基础阶段

语文课程的发展趋势进行详细分析。

顶岗实习模式下语文师范生应及时通过各种信息渠道关注国家最新教育改革政策，并及时查阅或学习权威机构对《标准》的解读，结合语文师范生在实习阶段参加的各种教研会议，对义务教育阶段的语文教学进行反思。在反思的基础上，逐渐培养和提升语文师范生创新教学理念的能力。

3. 充分利用师范学院的资料查阅优势，学习和了解国内外先进的教学理念，结合教学实践进行教学反思

顶岗实习模式下，长时间的教学实践有利于语文师范生真正了解和熟悉我国中小学语文教学实践，有效提升语文师范生的教育教学水平。而当语文师范生了解《标准》的新要求，并通过教研会议和权威机构解读等方式充分了解《标准》的趋势后，实习指导老师可以引导语文师范生积极了解国内外先进的教学理念，并结合我国中小学语文教学实践进行反思。语文师范生可以充分利用大学的图书馆和信息化建设查阅相关资料，为创新教学理念能力的培养奠定基础。

综上所述，创新教学理念能力是我国基础教育改革持续深化过程中语文师范生必不可少的重要能力。创新教学理念能力的培养必须建立在大量教学实践的基础之上，顶岗实习模式为语文师范生提供了长期在一线进行教学实践的机会，通过各级教研会议，借助社会权威机构解读，以及利用大学图书馆、信息化建设等资源，培养语文师范生的创新教学理念能力。

第二节　语文师范生创新教学方法能力的培养

教学方法，是在教学中使用的具体方法。教学有法，教无定法。教师在教学时应选择适合的教学方法。教学方法并不存在优劣之分，只要适合学生的认知特点，能够激发学生的学习兴趣即可。本节主要对语文师范生创新教学方法能力的培养进行详细分析。

一、教学方法概述

教学方法贯穿于课堂教学的各个环节，无论哪一个环节，均需要对具体的教学方法进行选择，且不同课堂教学环节中所使用的教学方法存在一定的差异。

受不同教学理念的影响,教学方法的选择存在较大区别。一般而言,任何一节课堂教学中,均需要使用多种教学方法。在课堂中使用的教学方法通常在教学中所起的作用更大。在新课程标准下,中小学语文课堂教学方法的创新通常以学生为主体,在坚持科学性原则、因材施教原则、循序渐进原则、启发性原则的基础上进行教学方法创新。近年来,对中小学语文课堂教学方法的创新包括互动式教学法、合作学习教学法、研讨式教学法、启发式教学法、多媒体教学法等。

(一) 互动式教学法

互动式教学法,是一种以学生为主体的教学活动,教师在日常教学活动中起着组织、发动、引导、控制、支配、推动和促进教学活动开展和实施的作用。在互动式教学中,教师在认可并重视学生的独立性、自主性和创造性的基础上,根据学校的具体课程安排和学生的基础素质,有目的、有计划、有步骤地开展教育和教学活动。

互动式教学中的互动包括行为互动、精神互动两个方面。其中,行为互动,是指学生通过自己的听、说、读、写、交流、讨论、竞争、合作等行为方式与他人发生相互作用和影响。在课堂教学活动中,教师可通过树立榜样的形式,为学生提供一个可见、可感的学习榜样,通过号召学生向榜样学习而引发学生与榜样的行为对比;通过激发学生的学习兴趣和学习动机,引导学生不断发挥自我的主观能动性;通过反思、模仿学习榜样的行为,而达到内化榜样优点,提升学生整体素质的目的。例如,以互动教学方法培养学生的社会主义核心价值观,即需要为学生树立一个可知可感的学习榜样,这一榜样通常具有较强的道德素养和社会主义核心价值观素养,通常以教师本人作为榜样。而对于实习师范生来说,其本人必须具备较强的社会主义核心价值观素养,因此互动式教学在客观上能够起到促进实习师范生学习和提升社会主义核心价值观素养的目的。

情感互动是指学生在课堂互动的过程中,彼此间情感交流与信任的建立,不依靠具体的行为表现,而依靠相互肯定、相互扶持和相互接受的形式,实现情感互动与情感共鸣,从而满足学生互动的精神交流需求。在课堂教学和互动学习的过程中,必须进行情感互动,尤其是在进行思想政治教育或社会主义核心价值观教育时,师生之间的良好情感互动在教学中起着重要的引导学生培养良好品质的作用,学生间的情感互动对激发学生的学习兴趣,培养学生的道德情操起着极为重要的影响。

（二）合作学习教学法

合作学习教学法产生于 20 世纪 70 年代初，该教学法以语言认知理论、集体动力理论、优势互补论、发展性教学理论和现代教育信息论等多种理论作为基础，以研究和利用课堂教学中所涉及的人际关系为基点，以目标设计为先导，以师生之间、学生之间、教师之间的合作为基本动力，以小组活动作为基本教学形式，并以小组团体成绩作为学生教学成绩的评价标准，最大限度地促进学生本人以及小组内其他同学的学习。

合作学习教学与传统的教学观念相比，对于教学活动、教学目标、教学形式和师生关系等均提出了新的观点。合作学习认为教学活动是一个信息互动的过程，其互动方式既包括教师到学生的单向单调互动，也包括教师与教师之间、学生与学生之间的双向互动。合作学习的教学目标呈现出多元化的特点，既要实现认知目标，又要实现情感目标与合作技能目标。教学形式是指合作学习多采用班级授课与小组活动相结合的教学组织方式。合作学习教学法认为，教学应当兼顾教学的个体性与集体性特征，将个别化与人际互动相结合。合作学习教学中师生之间的互动主要有单向型、双向型、多向型、成员型。其中，单向型是指教师向学生传递信息的过程；双向型是指教师与学生之间的双向互动；多向型即教师与学生之间、学生与学生之间相互作用的过程；成员型即将教学视为师生平等参与和互动的过程。除了这四种互动之外，合作学习还倡导教师之间的互动。

合作学习教学法强调以集体授课为基础，并以合作学习小组作为主体形式，力争实现集体性与个体性相统一。在语文课堂教学实践中应用合作教学法时，根据合作学习教学法的具体模式可以将其划分为指导型合作学习、过程型合作学习、结构型合作学习、探究型合作学习等多种类型。

合作学习教学方式与传统教学方式相比，能够起到增加学生知识，开阔学生视野，提高学生学习效率的作用，取长补短，培养和锻炼学生多方面的能力。此外，合作学习教学法还能够通过师生互动或教师之间的互动，激发教师的学习主动性，提升教师的综合能力。

（三）研讨式教学法

研讨即是指研究和讨论，研讨是个体主动进行探索的过程，通过多种研究方法探索事物的性质、规律，从而获得解决问题的方案。研讨式教学法具有探索性、开放性、实践性和自主性的特点。

1. 探索性

研讨式教学的本质是探究学习，注重教学过程中的探索性，通过由学生进行自主调查、研究、思索，从而探寻问题产生的原因、本质和问题的解决途径。研讨式教学法可以通过主动发现问题、提出问题，并主动研究和解决问题而获得知识，培养能力。

2. 开放性

研讨式教学法中的教学内容以课本为基础，然而却并不限于课本，而是依托于学生的知识体系。在研讨的过程中，学生可充分发挥特长，使用多种方法和知识对课本内的知识进行学习，并解决课本学习中出现的种种问题，从而拓展学生获取知识的方法和途径，培养学生的创造性思维和开放性思维。

3. 实践性

研讨式教学法不仅注重理论学习，还十分注重理论联系实践，并且针对学生在实践中遇到的问题进行研讨，并寻求解决方法。

4. 自主性

研讨式教学法倡导充分尊重和发挥学生的积极性，通过确定课题、制定研究方案、进行调查、开展讨论、整理观点等形式，充分激发学生的学习兴趣和潜能，最终达到实现学生知识和能力双重发展的目的。

（四）启发式教学法

启发式教学法，以学生作为教学的中心，注重保障学生在教学中的主体地位。语文教学中应用启发式教学法可根据学生的要求和实际情况，积极引导学生参与教学，并且激发学生的积极性、主动性，引导学生主动发现问题、分析问题和解决问题。

（五）多媒体教学法

多媒体教学法指借助多媒体信息技术，将教学设计中的文本、图像、视频、音频等与课程内容相结合的一种教学方法。多媒体教学法具有较强的直观性和立体性，能够为学生构建良好的教学环境，从而激发学生的学习兴趣，提升学生的学习效果。

二、顶岗实习模式下语文师范生创新教学方法能力培养的机遇

课堂教学方法是任何教师走上讲台必须使用的方法，而创新教学方法能力必须以大量的教学实践作为基础。语文师范生创新教学方法能力的培养，需

要遵循教师教学能力的发展规律和教学方法的探索规律。

（一）教师教学能力的发展规律

教学活动涉及学生和教师两个主体，在教学过程中，只有师生双方相互协调、相互合作，才能确保教学活动顺利完成并取得良好的教学效果。教学目标的达成，需要依赖教师充分调动学生的积极性，创建良好的课堂环境和学习氛围来实现。而刚刚走进师范院校的师范生，虽然在高校师范教育中学习了大量专业学科知识和教学理论知识，然而这些理论知识由于缺乏相应的实践经验，还未完全转化为教师的教学能力。师范生只有经过大量的教学实践，在真实的教学环境中进行不断练习，才能将理论知识转化为实际教学经验，从根本上提升其日后作为中小学教师的教学能力。

根据教师的教学能力发展规律来看，随着时间的推移，教师的教学能力水平通常会发生各种变化。一般而言，教师教学能力在参加工作的前两年较低；工作3～5年后，教师教学能力开始提高；工作7～12年后，教师的教学能力达到最高；工作12年后，教师的教学能力开始下降。[①]根据这一发展规律，教师的教学能力随着教师教学实践经验的增长而呈现出较强的发展性特点。教师教学能力的发展之所以在12年内呈现出增长趋势，是因为和其刚刚走上工作岗位时表现出来的对待教学工作的认真负责的态度有关。新教师具有较强的工作热情，然而由于其缺乏教学实践经验，专业理论知识无法转化为教学实践，因此新教师在教学过程中容易缺乏教学预见性和针对性，灵活性较差的现象。此时，教师在使用教学方法时，大多以借鉴他人的教学方法为主，较少对教学方法进行创新。

当教师工作3～5年后，已初步积累了一些教学经验，因此教师的教学能力也得到相应的提升；当教师工作7～12年后，教师接触的学生越来越多，在教学过程中遇到的教学状况越来越多，其所积累的经验也越来越丰富，使其可以游刃有余地应对教学过程中出现的各种复杂事件，并结合自身的教学风格进行教学方法创新。

中小学教师能力的发展一般要经过适应期、发展期、成熟期三个阶段。在适应期，师范院校的师范生刚刚走出校门，走上教师工作岗位，其主要关注点是熟悉教学内容，认真备好课、上好课，让学生接受、同行认可、校长满意、家长放心。这一阶段，新教师较少会对教学方法进行创新。在发展期，一

---

① 张敏.高等院校新教师教学能力发展研究[D].哈尔滨：哈尔滨工业大学，2007.

些新教师在初步掌握教学规律后，会尝试对教学方法进行创新。进入成熟期后，新教师对课堂教学方法的学习与运用已达到炉火纯青、游刃有余的程度，这时他们已经掌握中小学课堂教学的特点与规律，对各种教学方法心领神会，善于也更加愿意进行教学方法创新。

（二）教学方法的探索规律

教学方法的探索规律一般需要经历学习、探索、尝试、感悟和创新五个阶段。在学习阶段，参加实习的师范生往往需要广泛涉猎和学习各种教学方法。在探索阶段，顶岗实习师范生或新教师，往往会在教学实践中对各种教学方法进行比较，从中选择合适的教学方法；在尝试阶段，顶岗实习师范生或新教师可能会尝试将教学方法与教师个人的教学风格联系起来；在感悟阶段，经过大量教学实践后，一些新教师在获得方法实践的感悟之后，可能会进入教学方法创新阶段。需要注意的是，课堂教学方法的使用只有因地制宜，恰到好处，才能达到最佳的教学效果。

从教师能力的发展规律和教学方法的探索规律来看，教学方法的创新必须经过大量的教学实践，且前期必须大量了解和学习各种教学方法。顶岗实习模式下语文师范生可以在实习学校进行长达一学期的顶岗实习，积累教学实践经验。此外，顶岗实习活动期间，语文师范生还可以通过参加听评课、教研活动等，深入了解一线中小学教师所使用的教学方法，为语文师范生创新教学方法能力的培养奠定良好的基础。

三、顶岗实习模式下语文师范生创新教学方法能力培养的路径

顶岗实习模式下，语文师范生创新教学方法能力培养的路径可从以下几个方面着手。

（一）借助听评课了解一线中小学语文教师的教学方法

教学活动是一种实践性较强的活动，教师的教学必须在特定的实践环境中进行，教师的实践经验来源于其在特定实践场景中根据学生特点、教学内容等对教学的感悟而获得。从这一视角可以看出，教学实践经验对促进教师教学方法的创新起着重要作用。

语文师范生在顶岗实习期间可以借助听评课的方式，大量旁听中小学一线语文教师的课堂教学，促进自身对教学方法的了解，拓展教学实践视野。一些师范院校为了拓展学生的教学实践视野，不但组织师范生参加实习学校本

学科一线教师的听评课，还组织师范生参加实习学校非本学科一线教师的听评课，甚至组织师范生进行跨校听评课，为师范生充分了解中小学一线教师的教学方法奠定了良好的基础。

进入21世纪以来，许多学校为了推动课程改革的深化，适应新课标的要求，与其他学校结成了协作学校。协作学校的教师会定期到其他学校进行授课，该校相关学科的教师可以通过对课程进行观摩、进行现场评课和交流等方式，学习协作学校教师的教学理念和教学方法。例如，早在21世纪初期，我国H市某区的几所学校就组建了协作学校，开展学校间教师互相上课的做法。语文学科教师在为本校学生上课之余，还会进行教学互换，让不同学校的教师到协作学校相应年级为学生开展语文教学观摩课。而协作学校的校长、教师对课程进行观摩，并进行现场评课和交流。协作学校教师互相上课的活动初衷是为了学校与学校之间进行教师之间的互动与交流，提高教师的教学能力和学生自主学习的能力。

顶岗实习模式下语文师范生除了旁听实习学校一线教师的公开课或示范课之外，还可获得大量教学实践的机会。在教学实践活动中，语文师范生可以充分了解中小学生的学习规律和认知规律，有效推动语文师范生在实践中对学习到的教学方法进行模仿和实践，并引发教学方法反思。总之，顶岗实习模式下语文师范生可以借助听评课了解一线中小学语文教师的教学方法，有利于语文师范生积累经验，为语文师范生创新教学方法能力的培养奠定基础。

（二）借助教学方法专题讲座或培训，全面了解中小学语文教学方法的类型

顶岗实习模式下语文师范生在实习学校学习和教学时，师范院校或实习学校、实习学校所在的地方教育部门，为了培养师范生创新教学方法的能力，会开展中小学教学方法专题讲座或培训。借助这种形式，向师范生全面介绍中小学语文教学方法，以及新课程改革下语文教学方法的创新方向。专题讲座或培训有多种形式。

1. 实地讲座或培训形式

实地讲座或培训形式是指顶岗实习模式的相关组织者在线下举行的教学方法讲座或培训，主讲人一般为实习学校或师范院校内部拥有丰富的一线教学经验的教师。实地讲座或培训形式具有较强的现场感，主讲人在讲课结束后，可以与师范生进行深入交流，回答师范生关于中小学教学方法的有关疑问，有效解决师范生在教学过程中运用教学方法的困惑。

2. 教学录像+实地教研会形式

教学录像+实地教研会形式，是借助中小学优秀教师的教学录像，对该教师在教学中应用的教学方法进行分析。这种形式通常适合师范生学习某一类教学方法，所涉及的中小学教学方法种类较少，具有一定的独特性和代表性。

（三）借助各类教研会议深入反思中小学语文教学方法的创新规律

教研会议是一种借助对教学理念、教学方法等的研究指导教学实践的活动。顶岗实习模式下师范院校或实习学校可以通过召开专门的中小学教学方法教研会议或中小学生认知和发展规律的教研会议，深入反思中小学语文教学方法的创新。在这些教研会议中，语文师范生可以充分了解教学方法创新的必要性和背景、教学方法的创新规律等。

教研会议可以引发参与会议的教师或实习师范生的教学反思。所谓教学反思，是指师范生（教师）为了提高教学质量和教学实效，运用科学的教学原理对自己的教学内容和教学活动过程进行理性分析和审视，总结教学得失，找出改进和提高对策的行为方式的总和。

教学反思是促进师范生成长为优秀教师的一项重要的发展技能要素，通过自我觉察、反省、反思来促进教师的专业素质和能力提升的一种重要方式，其类型主要有课前反思、课后反思和课中反思。

教学反思的内容主要包括反思其自身教学理念是否符合新课程改革的理念；反思其教学目标是否明确、具体、全面，在教学中是否达成或存在哪些问题；反思教学内容的重难点是否处理得当，理论知识讲解是否有误；反思教学活动及其环节的组织与开展过程是否恰当，课堂结构是否合理；反思教学评价是否做到了即时、科学、有效。

教学反思的形式多种多样，包括教师对自身的教学进行即时有效的个人反思，也可以通过学校或教研组的集体听课、评课、说课、赛课等形式进行教学反思，进一步改进和提高其教学技能技巧。师范生学习和掌握一定的教学反思技能，有利于在将来的职业生涯中，不断改进教学方式方法，提高教学能力，促进专业发展。因而，具备这一技能，是促进师范生发展成为优秀教师或教育家的重要因素。

综上所述，语文师范生创新教学方法能力的培养应当遵循教师能力发展和教学方法的探索规律。语文师范生通过语文教研会议获得必要知识并进行反思，能够为语文师范生创新教学方法能力的培养奠定基础。

第三节 语文师范生创新教学手段能力的培养

教学手段在这里指教学方法作用于课堂教学所借助的工具,例如,挂图、模型、教具、多媒体等。本节主要对顶岗实习模式下语文师范生创新教学手段能力的培养进行详细研究。

一、中小学语文教学中的教学手段概述

教学手段是师生教学相互传递信息的工具、媒体或设备。随着科学技术的发展,教学手段经历了口头语言、文字和书籍、印刷教材、电子视听设备和多媒体网络技术等五个阶段。

我国自新中国成立以来,中小学语文教学手段经历了多个发展阶段(见表6-3)。从传统教学手段向现代教学手段发展,传统教学手段主要指一部教科书、一支粉笔、一块黑板、几副历史挂图等。现代化教学手段是指各种电化教育器材和教材,即把投影仪、录音机、录像机、电视机、VCD机、DVD机、计算机等搬入课堂,作为直观教具应用于各学科教学领域之中。

表6-3 中小学语文教学手段发展历程

发展阶段	发展趋势
视听教学阶段	简单媒体的应用到高档媒体的使用,由城市到农村,由点(星星点点)到面(全面铺开)地逐步发展起来
计算机辅助教学阶段	我国教育机构自1962年年底引入程序教学法,1980年开始进行计算机辅助教学研究。现阶段计算机辅助教学阶段已在我国各个学段的教育中普及
多媒体教学阶段	在我国发展速度较快,现阶段多媒体教学手段已在我国各学段、各级各类学校中普及
网络教学阶段	在21世纪获得了较快发展

纵观我国中小学现代教学手段的发展演变,呈现出信息种类与数量的改变、媒体质量的飞跃、教学手段趋于综合化等特点。教学手段并无优劣之分,只有适合教学人群和教学情境的手段才是良好的教学手段。

近年来，伴随科技的发展，越来越多的新科技手段被应用于社会实践中，为中小学语文教学手段的改革奠定了基础。语文师范生作为未来的语文教师，应当顺应中小学语文教学手段的发展趋势，不断提升自身的信息素养和创新教学手段的能力。

二、顶岗实习模式下语文师范生创新教学手段能力培养的机遇

顶岗实习模式下语文师范生在实习期间可以充分了解我国中小学教学实践中的教学手段，并在尊重学生客观规律的基础上创新教学手段，以取得良好的教学效果。为顶岗实习模式下语文师范生创新教学手段能力的培养提供了难得的机遇，主要表现在以下几个方面。

（一）顶岗实习模式下，语文师范生能够系统了解中小学教学手段概况

1. 借助顶岗实习期间的教学实践活动了解中小学教学手段情况

顶岗实习模式下，语文师范生通过听评会、教研会以及岗前培训会、公开课、说课和微课竞赛等形式，较为系统地了解了实习学校教学手段的应用情况。

2. 借助顶岗实习期间的互动与交流了解中小学教学手段情况

顶岗实习模式下语文师范生通过与实习学校教师之间的交流可以明确实习学校所在地区的中小学教学手段使用情况，并了解实习学校教师对创新教学手段的意向。此外，语文师范生在顶岗实习期间，通常还与其他同学保持较为频繁的交流，这样也可使其了解其他地区中小学教学手段的使用情况，为语文师范生在教学实践中培养创新教学手段能力奠定基础。

（二）顶岗实习模式下，在教学实践中培养语文师范生创新教学手段的能力

顶岗实习模式下语文师范生在教学实践中可以对学生学习和接受知识的特点进行详细了解。而在充分了解学生认知和学习规律的基础上，语文师范生可以结合具体的教学方法进行教学手段创新，从而达到在教学实践中培养语文师范生创新教学手段的能力的目的。

中小学语文学科作为一种工具性和综合性较强的学科，其内容具有多样性。从文化视角来看，包括中华优秀传统文化知识、革命文化和社会主义先进文化。其中，中小学语文学科中的中华优秀传统文化的主要载体包括汉字、书

法；成语、格言警句；神话传说、寓言故事、历史故事、民间故事；古代诗词、古代散文、古典小说；古代文化常识、传统节日、风俗习惯；等等。

以部编版中学语文课本为例。部编版中学语文课本中存在大量文言文和古诗词。例如，部编版初中语文七年级课本中的文言文和古诗词包括《世说新语》二则、《咏雪》《陈太丘与友期行》《论语》十二章、《诫子书》《狼》《孙权劝学》《木兰诗》《陋室铭》《爱莲说》《河中石兽》《三峡》《与朱元思书》《孟子》二章、《愚公移山》等。纵观部编版中学语文课本中的文言文和古诗词，其中蕴含着大量传统文化知识和传统文化精神（见表6-4）。

表6-4 部编版中学语文课本中的中华优秀传统文化

类别	类型	细分类型	体现
传统文化常识	传统语言文字文化常识	汉字文化常识	1. 汉字的古汉语知识 2. 汉字的演变历史
		汉语文化常识	成语、谚语、对联
	传统文学文化常识	古代作家文化常识	先秦时期：孔子、孟子、庄子、列子、韩非、墨子；汉代：司马迁、曹操、刘桢、诸葛亮、陶渊明、刘义庆等
		古代文学体裁	古代诗歌；近体诗歌、词、曲；古代散文、古代小说、古代寓言等
	古代社会文化常识	古代政治文化	1. 古代科举制度 2. 古代教育制度 3. 古代官吏制度
		传统礼仪文化	1. 谦称与尊称 2. 年龄与礼节
		传统习俗文化	1. 节日文化 2. 人生礼仪文化
		传统艺术文化	1. 绘画艺术 2. 戏曲艺术 3. 建筑艺术 4. 民间工艺
		传统科技文化	1. 传统历法文化 2. 地理常识

续 表

传统文化精神	忧国忧民的爱国精神	岑参《行军九日思长安故园》 杜甫《春望》 陆游《十一月四日风雨大作（其二）》 李贺《雁门太守行》等
	乐观自强不畏难的进取精神	曹操《观沧海》《龟虽寿》 诸葛亮《诫子书》 《孙权劝学》《西游记》《送东阳马生序》 《行路难（其一）》等
	孝亲及人的仁爱精神	《卖炭翁》《闻王昌龄左迁龙标遥有此寄》《送友人》《送杜少府之任蜀州》《小石潭记》《醉翁亭记》《湖心亭看雪》《与朱元思书》
	修身正己的崇德精神	《〈论语〉十二章》《爱莲说》《赠从弟（其二）》
中国传统文化知识	历史文化知识	《六国论》《过秦论》《阿房宫赋》《五代史伶官传序》《谏逐客书》《滕王阁序》等
	地理区域知识	《滕王阁序》《六国论》《阿房宫赋》等
	选官制度	《陈情表》等
	官职称谓	《答司马谏议书》《黄冈竹楼记》《上枢密韩太尉书》《陈情表》《答司马谏议书》等
	民俗礼仪	《屈原列传》《兰亭集序》《陈情表》等
	文史典籍	《论语》《孟子》《大学》《中庸》《史记》等
中国传统民族精神	以人为本的精神	《谏太宗十思书》《阿房宫赋》《季氏将伐颛臾》《老子》等
	锲而不舍的精神	《报任安书》等
	忧国忧民的精神	《谏太宗十思疏》《屈原列传》等
	宽以待人的精神	《屈原列传》《谏太宗十思疏》等
	旷达不羁的精神	《赤壁赋》《归去来兮辞》（并序）、《黄冈竹楼记》等
	敬老爱幼的精神	《陈情表》《项脊轩志》等

文言文和古诗词作为古代的优秀作品距离现代生活较远，语文教师或语文师范生在进行文言文和古诗词的学习时，往往需要借助现代化教学手段为中小学生创设良好的教学情境。顶岗实习模式下语文师范生可以通过创新教学手段的方式，利用现代化多媒体手段或网络教学手段，在教学中创设独特的教学情境。既有利于激发学生的学习兴趣，提高学生学习的积极性和主动性，也为语文师范生创新教学手段能力的培养提供了良好契机。

三、顶岗实习模式下语文师范生创新教学手段能力培养的路径

顶岗实习模式下语文师范生创新教学手段能力培养的路径可从以下几个方面着手。

（一）借助听评课培养语文师范生创新教学手段的能力

听评课是学校日常教研活动的主要形式之一，传统意义上的听评课多限制在同一学校、同一学科的教师之间。这种听评课的优点是针对性较强，参与听评课的教师必须对该学科的教材和课程要求较为了解，然而也存在受学科特点限制的现象。

顶岗实习模式下，语文师范生具有较为充裕的时间参加各种听评课活动。顶岗实习模式下语文教师可以在实习指导老师的协调下参加本学科和跨学科的听评课活动。通过不同学科的听评课，可以促使语文师范生系统而深入地了解实习学校的教学手段。

1. 实习学校制定师范生本学科和跨学科的听评课制度

制度建设是活动的保障，实习学校通过制定合理的师范生本学科和跨学科的听评课制度，能够为顶岗实习模式下师范生的听评课活动提供有效保障。例如，明确顶岗实习师范生本学科和跨学科听评课的数量，设置专门的"跨学科听课评课日"。此外，实习学校还应加强对顶岗实习师范生听评课活动的过程管理，确保听评课达到良好的效果。

2. 实习学校成立专门的听评课教研网络

通过设置不同层次的听评课教研小组，构建完整的听评课教研网络。例如，成立由校长领导的教学评议小组，由教务处领导的年级组听评课活动小组，由各班级任课教师组成的教学协调小组等。在此基础上，合理安排语文师范生的本学科和跨学科的听评课活动。

（二）借助师范院校组织的主题培训培养语文师范生创新教学手段的能力

近年来，随着数字经济的快速发展，我国师范院校加强了师范生的信息素养教育。数字经济时代的现代教学手段的应用离不开各种数字技术的支持，语文师范生信息素养的提升，能够为其创新教学手段能力的培养奠定基础。

顶岗实习模式下，师范院校实习指导老师可以根据其所负责的师范生的整体教学手段能力，有意识地开展信息技术主题的培训，在提升师范生综合信

息素养的基础上，培养语文师范生创新教学手段的能力。

综上所述，语文师范生创新教学手段能力的培养是语文师范生教学能力的重要组成部分。教学手段的选择与学生的发展特点和教学内容息息相关，顶岗实习模式为语文师范生创新教学手段能力的培养创造了良好条件。顶岗实习阶段，语文师范生创新教学能力的路径可从实习学校听评课和师范院校组织的主题培训两方面着手，通过实践与理论学习相结合的形式，培养和提升语文师范生创新教学手段的能力。

参考文献

参考文献

[1] 顾明远.教育大辞典（第一卷）[M].上海：上海教育出版社，1990.

[2] 中共中央马克思恩格斯列宁斯大林著作编译局.马克思恩格斯选集：第4卷[M].北京：人民出版社，1995.

[3] 罗树华，李洪珍.教师能力概论[M].济南：山东教育出版社，2001.

[4] 陶仁，杨其勇.顶岗支教实习：地方高校师范人才培养新模式[M].昆明：云南大学出版社，2011.

[5] 贺金玉.地方新建本科院校协同创新与协同育人模式研究[M].济南：山东大学出版社，2013.

[6] 刘社欣.思想政治教育合力研究[M].北京：人民出版社，2013.

[7] 杨春艳.高师教育类课程施行"双导师制"的实践思考——以体育师范生为例[J].新乡学院学报，2014，31(2)：92-94.

[8] 孔德英，张大俭.教师必备的教育教学理论[M].保定：河北大学出版社，2015.

[9] 秦立崴.国际商法[M].北京：北京理工大学出版社，2016.

[10] 高原.朗读教育功能论[M].北京：中国传媒大学出版社，2018.

[11] 黄玉新.新课程下师范生教学技能应用指导[M].银川：阳光出版社，2018.

[12] 曾学龙.民办高职院校思政课协同育人教学模式创新的实践[M].广州：广东高等教育出版社，2018.

[13] 李庭海."国培计划"送教下乡项目常态化机制构建探究与实践[M].北京：世界图书出版公司，2018.

[14] 刘巧芝，杨涵.技术技能人才职业能力协同培育研究[M].天津：天津大学出版社，2018.

[15] 马勇，冯大财，卢向天.语文课堂说写能力的发展[M].长春：吉林人民出版社，2019.

[16] 王霞.大学教育和社区教育的互动协同发展[M].北京：中国社会出版社，2019.

[17] 夏志良.文化创意背景下的隐宿产业开发研究[M].北京：中国轻工业出版社，2019.

[18] 楼艳.德育共同体视域下的高校辅导员职业发展研究[M].杭州：浙江大学出版社，2020.

[19] 郑志辉.从实习听课看顶岗实习师范生的现场学习力：基于内容分析的视角[J].当代教育科学，2017(11)：91-96.

[20] 刘洁,胡丽娜.师范生置换顶岗实习专业素质发展的调查研究:以南昌师范学院国培置换项目为例[J].教育学术月刊,2018(12):82-91.

[21] 李艳灵,段婷娟,刘敬华.基于扎根理论的化学师范生顶岗实习实践性知识发展研究[J].化学教育(中英文),2019,40(20):53-58.

[22] 董丽花,王欣媛.顶岗实习促进师范生专业发展的调查研究:以齐鲁师范学院顶岗实习为例[J].齐鲁师范学院学报,2019,34(6):9-15.

[23] 李斌强,王慧珍."知行融合":师范生能力提升的行动研究[J].教师教育学报,2020,7(5):39-46.

[24] 张广斌,陈朋,王欢.我国学校家庭社会协同育人的政策演变、研究轨迹与走向[J].北京教育学院学报,2021,35(6):19-26.

[25] 饶满萍.高职师范生实习的窘境与对策[J].教育与职业,2021(6):107-112.

[26] 姚全福,佟繁荣.校地合作视域下地方高校顶岗实习支教的实践创新[J].内蒙古财经大学学报,2022,20(1):38-42.

[27] 付瑶,朱成科.我国师范生乡村"顶岗实习"实践教学模式利弊分析及优化策略[J].渤海大学学报(哲学社会科学版),2021,43(2):113-116.

[28] 刘智,王静.顶岗实习支教对师范生人际交往能力的影响研究[J].红河学院学报,2021,19(3):135-137.

[29] 王卿蕾.五年一贯制农村定向师范生核心素养发展困境与对策[J].豫章师范学院学报,2021,36(4):86-90.

[30] 代丽,徐丽姗,刘佳龙.基于顶岗支教实习的高师生未来职业发展[J].科学咨询(科技·管理),2021(10):72-73.

[31] 刘桂云.高职学前教育专业顶岗实习指导存在的问题及对策研究[J].齐齐哈尔师范高等专科学校学报,2021(5):113-115.

[32] 刘玮,崔霞."互联网+"理念下师范院校学生顶岗实习的身份认同与角色转变[J].教育观察,2021,10(26):33-35.

[33] 谭娟,谭明,安福杰.顶岗实习对师范生教学能力影响的调查分析:以湖南科技学院为例[J].文化创新比较研究,2021,5(21):25-29.

[34] 朱春全,梁俊.凉山彝族自治州学前教育扶贫现状、问题与对策[J].四川职业技术学院学报,2021,31(5):47-53.

[35] 王计永,梁志霞.师范类大学生顶岗实习与基础教育契合性研究:以M学院教育实习实践为例[J].邢台学院学报,2021,36(4):57-62.

[36] 刘桂云.高职学前教育专业顶岗实习指导存在问题及对策研究[J].齐齐哈尔师范高等专科学校学报,2021(6): 114-116.

[37] 杨彬,赵柱,葛斌.师范生援疆实习支教的研究:以河西学院为例[J].甘肃教育研究,2021(8): 10-14.

[38] 熊彩云,付华.卓越乡村幼师职前师德培养实践探索:以学前教育公费师范生培养为例[J].科学咨询(教育科研),2021(11): 6-9.

[39] 袁江山.顶岗实习对师范生专业素养发展影响研究[D].重庆:西南大学,2013.

[40] 黄龙.顶岗实习对师范生专业发展的积极影响[D].南昌:江西师范大学,2013.

[41] 王英洁.思想政治教育专业师范生顶岗实习的问题及对策探析[D].长春:吉林大学,2015.

[42] 何妍.师范生顶岗实习"双导师制"问题研究[D].太原:山西师范大学,2015.

[43] 焦云霞.顶岗实习学生管理现状调查研究[D].太原:山西师范大学,2015.

[44] 谢淑海.实习支教生教师专业身份建构过程的叙事研究[D].长春:东北师范大学,2016.

[45] 戴宇晗.新课改背景下初中语文教学方法改革的研究[D].淮北:淮北师范大学,2017.

[46] 赵雪艳.本科师范生顶岗实习现状调查研究[D].大连:辽宁师范大学,2020.

[47] 李辉.新时代我国高校师范生职业理想教育研究[D].石家庄:河北师范大学,2020.

[48] 刘涛.顶岗实习对体育师范生教师职业认知的影响研究[D].石家庄:河北师范大学,2020.

[49] 吴春秀.中小学实习指导教师指导力提升策略研究[D].石家庄:河北师范大学,2021.

[50] 王凯.数学师范生顶岗实习期间课堂听课研究[D].济南:山东师范大学,2021.

[51] 付瑶.师范生乡村"顶岗实习"实践教学实施现状及优化策略[D].锦州:渤海大学,2021.

[52] 李沛芃.X校扶贫顶岗实习支教模式研究[D].长春:东北师范大学,2021.

[53] 李浩.数学师范生顶岗实习期间指导教师教学技能指导研究[D].济南:山东师范大学,2021.

[54] 王绍媛.广州市"中高职三二分段"学生职业成熟度研究[D].广州:广东技术师范大学,2021.

[55] 梁梦蕾.农村小学特岗教师职业认同的叙事研究[D].石家庄:河北师范大学,2021.

[56] 程耀忠.身份转换期的教师学习研究[D].长春:东北师范大学,2021.

[57] 黄书生.近代中国师范生教育实习研究(1897~1949)[D].福州:福建师范大学,2021.

[58] 张串串.师范专业认证背景下师范生实践教学体系研究[D].宜昌:三峡大学,2021.

[59] 饶志祥.师范生专业实践反思现状及改善策略研究[D].南昌:江西师范大学,2021.

[60] 刘荣桂.农村定向师范教师专业发展的个案研究[D].赣州:赣南师范大学,2021.

[61] 马彦辰.地方综合性大学全日制教育硕士培养模式研究[D].聊城:聊城大学,2021.

[62] 阳立秋.重庆市小学全科教师专业发展现状及其影响因素调查研究[D].重庆:重庆师范大学,2021.

[63] 靳荫雷.小学教师现场学习力发展的影响因素及提升路径研究[D].锦州:渤海大学,2021.

[64] 徐萍.初中教师关怀行为个案研究[D].石河子:石河子大学,2021.